D0678362

DISCARD

Cómo potenciar la vida interior del niño

Grupo ROBIN BOOK

Barcelona - México
Buenos Aires

Cómo potenciar
la vida interior del niño

Ideas y ejercicios para desarrollar valores espirituales en los niños y estimular su autoestima

Peggy J. Jenkins

Traducción de Anna Riera

bebé

ROBIN
BOOK

nuevos padres

Si usted desea que le mantengamos informado de
nuestras publicaciones, sólo tiene que remitirnos su
nombre y dirección, indicando qué temas le interesan,
y gustosamente complaceremos su petición.

Ediciones Robinbook
información bibliográfica
C/. Indústria 11 (Pol. Ind. Buvisa)
08329 – (Barcelona)
www.robinbook.com

Título original: *Nurturing Spirituality in Children*
© 1995, 2008, Peggy J. Jenkins
    First published by Beyond Words Publishing Inc., Hillsboro, Oregon.
    www.beyondword.com. All rights reserved. Translation rights
    arranged through Sylvia Hayse Literary Agency, LLC,
    Bandon Oregon, USA
© 2009, Ediciones Robinbook, s. l., Barcelona
Diseño cubierta: Regina Richling
Fotografía de cubierta: iStockphoto
Coordinación y compaginación: MC producció editorial
ISBN: 978-84-7927-993-6
Depósito legal: B-32.131-2009
Impreso por Limpergraf, Mogoda, 29-31 (Can Salvatella),
    08210 Barberà del Vallès.

Impreso en España - *Printed in Spain*

«Cualquier forma de reproducción, distribución, comunicación pública o
transformación de esta obra solo puede ser realizada con la autorización de
sus titulares, salvo excepción prevista por la ley. Diríjase a CEDRO (Centro
Español de Derechos Reprográficos, www.cedro.org) si necesita fotocopiar
o escanear algún fragmento de esta obra.»

R05023 01253

Índice

Las semillas. Para los principiantes

Los brotes. Para alumnos más aventajados

Agradecimientos

Ante todo debo reconocer lo mucho que me ha ayudado una colección de libros reunida bajo el título *A Course in Miracles*. Asimismo, estoy en deuda con los muchos sacerdotes, maestros y autores que me han servido de inspiración para confeccionar los ejercicios que aparecen en este libro. Me resulta muy difícil separar las distintas ideas y la procedencia de las mismas ya que con los años se han ido complementando hasta constituir un todo. Así pues, doy las gracias a todos aquellos que de una forma u otra han contribuido a hacer posible este trabajo.

Estoy profundamente agradecida a las editoriales PrenticeHall y Coleman Publishing por publicar las primeras ediciones de este libro.

Este tipo de cosas nunca se deben a una sola persona, por lo tanto agradezco sinceramente toda la ayuda que he recibido, sea del tipo que sea.

Prefacio

Este libro es la revisión de un trabajo anterior, *A Child of God*. Me he dado cuenta de que muchas personas que creen en un Creador Original, en un Gran Espíritu, etc., no se sienten cómodas con la palabra *Dios*. Por consiguiente, he desestimado este término y sugiero que cada uno lo sustituya por su vocablo preferido. Los ejercicios siguientes se basan en principios universales, principios que se cumplen en cualquier país, cultura o religión.

El hecho de ser madre, educadora de mis propios hijos y de mis alumnos, y estudiosa de los principios espirituales y universales me llevó a considerar que era lógico reunir estos ámbitos con la esperanza de acelerar el desarrollo de la conciencia que nuestro mundo precisa. Como madre, sentí la necesidad de encontrar la forma de compartir con mis hijos todo lo que sabía acerca de los principios mentales y espirituales. Acabé combinando mis dos herramientas favoritas, los recursos visuales y las analogías, para enseñar a los niños los principios de la verdad.

El dicho de que enseñamos aquello que necesitamos aprender nunca me había parecido tan cierto como mientras escribía este libro. Estoy muy contenta de poder compartirlo con usted y espero que le ayude tanto como a mí. Este libro no va dirigido únicamente a los niños, sino también al niño que cada uno de nosotros lleva en su interior.

Deseo sinceramente que usted y los niños con los que se encuentre a lo largo de su vida se lo pasen bien con estos ejercicios.

Las grandes verdades son aceptadas por todos.
Las verdades corrientes,
como las que los hombres dan y reciben todos los días,
se hallan en la senda de la vida fácil,
arrastradas por el viento despreocupado que sopla en
nuestro camino.
Las grandes verdades son sumamente apreciadas, no se
encuentran por casualidad,
no flotan en un sueño de brisa estival,
sino que surgen de los grandes conflictos del alma,
de luchar contra la adversidad y contra la corriente.

ANÓNIMO

Los cimientos

El niño debe elevarse hasta el plano superior
del espíritu a través de cosas concretas.

MARIA MONTESSORI

Este libro pretende ayudar a los jóvenes a creer en todo aquello que es cierto acerca de sí mismos como hijos del Creador. Una vez conozcan estas verdades, empezarán a ocurrirles cosas estupendas tanto a ellos como a su mundo.

Alguien dijo en una ocasión: «¡Ay del que tenga que aprender en momentos de crisis!». Los principios que los niños descubrirán en este libro les ayudarán a estar preparados ante cualquier situación, porque gracias a ellos entenderán que viven en un mundo mental y espiritual, y que todo aquello que forma parte de su vida es la expresión material de sus creencias. Muchas personas ven el mundo exterior como la causa y a sí mismas como el efecto. Confío en que los niños lleguen a pensar en sí mismos como la causa y a considerar el mundo como el efecto. De este modo obtendrán la fuerza necesaria para iniciar una nueva era.

Cada ley física tiene su ley mental y espiritual correspondiente. Si enseñamos a los niños a emplear las leyes espirituales del mismo modo que las leyes físicas, les proporcionaremos el don de la paz, la confianza y la felicidad, dones que les permitirán capear los temporales de la vida.

Los ejercicios que encontrará a continuación sirven simplemente como punto de partida. Pretenden ser una ayuda para los padres ocupados que estén dispuestos a dedicar diez minutos al día a enseñar principios elevados a sus hijos. Muchos profesores, guías espirituales y asesores los encontrarán igualmente útiles. Los ejercicios no recogen todos los principios que deben enseñarse. Tan sólo incluyo aquellos que pueden explicarse en poco tiempo con objetos corrientes y que pueden comprender la mayoría de los niños en edad escolar. Los métodos de aprendizaje más efectivos utilizan símbolos en lugar de palabras, y los objetos fáciles de entender pueden simbolizar muchas verdades que cuestan entender. El hombre se ha servido siempre de objetos corrientes para demostrar las cosas que desconocía. Estos ejercicios, por lo tanto, emplean lo concreto para corroborar lo abstracto.

No hace falta que conozca todas las respuestas para utilizarlos. Limítese a disponer el escenario y a tratar de que los niños se diviertan con estas ideas que el Maestro Interior puede tomar como modelo para conseguir un total entendimiento.

A lo largo del libro he tratado de ser tan aconfesional como me ha sido posible: Aunque empleo términos como: *Dios, Espíritu, Origen, el Creador* y *Maestro Interior*, le ruego que comprenda que dichos vocablos no son más que designaciones. El lenguaje trata de definir aquello que es indefinible. Estas palabras intentan describir aquello que cada uno de nosotros identifica en su corazón, en su alma. Deje que estos vocablos signifiquen aquello en lo que usted crea. O reemplácelos por otros que se ajusten más a sus creencias. No tiene porque estar completamente de acuerdo con este libro, pero si las propuestas que aparecen en él le hacen pensar y le sugieren nuevas ideas para enseñar verdades que usted considera importantes, el libro habrá cumplido su propósito.

Cómo utilizar este libro

Las investigaciones llevadas a cabo acerca del cerebro demuestran que el ochenta y tres por ciento de lo que aprendemos lo asimilamos por medio de la vista y de nuestros actos.

DOCTOR EDWARD DE BONO

La mejor fórmula para realizar estos ejercicios es la brevedad y la sencillez. Las cosas breves y sencillas producen una impresión más duradera. En realidad, la mente de un niño no necesita demasiadas palabras y explicaciones. Es la mente de los adultos la que las necesita.

Estos ejercicios no siguen ningún orden. Utilice el libro como si se tratara de una comida compuesta de varios platos o de un buffet libre, y seleccione los ejercicios de acuerdo con las necesidades y los intereses de su hijo. Realícelos cuando el niño esté receptivo.

Estos ejercicios pueden adaptarse a niños de cualquier edad, desde los más pequeños hasta los adolescentes. y si en un mismo grupo hay niños de distintas edades, cada uno de ellos lo entenderá a su nivel. Ésta es la razón por la que no he incluido ni anotaciones ni explicaciones para edades específicas. Adapte las explicaciones a la edad de su hijo y a su nivel de comprensión. Como los ejercicios pertenecen a distintos grados de conocimiento, puede modificar o eliminar aquellos que no le parezcan adecuados. Es preferible que enseñe aquellos ejercicios que le parezcan excitantes. Este tipo de entusiasmo es contagioso. Los niños retienen mucho más aquello que «perciben que aquello que se les enseña».

El diálogo que aparece en los ejercicios no ha sido pensado para que lo lea literalmente a su hijo. Utilícelo como punto de partida para reflexionar y compleméntelo con ejemplos con los que el niño esté familiarizado. Los estudios realizados con niños demuestran que éstos tienen un mayor poder de retención cuando algo se deja sin terminar. Así pues, es preferible interrumpir los ejercicios, dejarlo aunque ellos pidan un poco más, que agotar el tema y aburrirlos. Limítese a revisar la idea de vez en cuando.

La mayor parte de los ejercicios pueden llevarse a cabo en cinco minutos. Le sugiero que los realice por la mañana porque la mente, al igual que el cuerpo, necesita nutrirse. Si eso no fuera posible, utilice los ejercicios cuando salgan del colegio, a la hora de cenar o antes de acostarse. Intente mantener un horario fijo y ser constante.

Debe leer cada ejercicio como mínimo tres días antes de explicarlo por dos motivos. Primero, porque de este modo podrá comprobar si tiene todo aquello que necesita. La mayor parte de los artículos necesarios son corrientes en todas las casas, pero puede haber alguna excepción. Segundo, porque si lee el ejercicio con cierta antelación su subconsciente creativo dispondrá de un tiempo precioso para asimilar el principio que se esconde tras el mismo y para pensar en ejemplos con los que su hijo se sienta identificado. Asimismo, cuando explique el ejercicio, tendrá más claro el principio y tal vez se le ocurra una forma más interesante de exponerlo. No olvide que este material pretende ser abierto, así que puede presentarlo del modo que más se adecue a su sistema de creencias y que mejor satisfaga las necesidades de su hijo.

Antes de empezar el ejercicio compruebe si tiene sobre la mesa todos los objetos que va a utilizar. Si los cubre con un trapo conseguirá crear cierta expectación, quizás incluso cierto suspense. Para que resulte más dramático, utilice una bandeja o un salvamanteles especial para la ocasión. Un método sumamente efectivo para que los ejercicios resulten más espectaculares consiste en utilizar uno o dos títeres.

Asegúrese de que los niños disponen de cierto tiempo para discutir y preguntar. Intente que los ejercicios no se conviertan en meros monólogos. Los niños a menudo están más cerca de la verdad que nosotros y pueden enseñarnos gracias a su aguda intuición. Debe estar dispuesto a intercambiar papeles y a convertirse en alumno.

Es posible que algunas veces no pueda o le parezca poco apropiado utilizar los objetos que le sugiero, pero piense que necesita algún tipo de soporte visual para lograr transmitir el mensaje. En lugar de emplear los objetos, utilice dibujos o cartulinas con las palabras «pintadas». Los niños retienen mucho más tiempo una impresión cuando usan la imaginación que por medio de palabras que no van acompañadas de imágenes visuales. No obstante, las experiencias prácticas con objetos son las que les causan una impresión más profunda. Así pues, utilice objetos siempre que pueda.

Otro método que ayuda a retener la información es la reiteración espaciada. A veces es necesario repetir un principio muchas veces para que se entienda. Por lo tanto, repita los ejercicios cada cierto tiempo. Muchos de ellos no son sino distintos modos de decir una misma cosa, y este método de enseñanza resulta igualmente efectivo.

Lo más importante es que por medio de estos ejercicios fortalezca el amor propio del niño. Los sentimientos de su hijo son siempre más importantes que el objetivo del ejercicio propiamente dicho. Contribuya a que el niño se sienta bien consigo mismo. Alguien dijo con gran acierto: «Uno enseña aquello que es y aquello que los demás son para él».

Al final de cada ejercicio encontrará una afirmación que puede utilizar para concluir la sesión. Las afirmaciones son aseveraciones positivas de verdades y, como tales, constituyen una poderosa herramienta para modificar nuestra forma de pensar y nuestra actitud, y por lo tanto nuestras experiencias. Encontrará más información acerca de las mismas en el apartado Guía para las afirmaciones. Las afirmaciones suelen poner punto final al ejercicio. Pueden reforzar directamente la actividad o tener que ver con algún asunto de interés que surja mientras los niños discuten acerca del ejercicio. Si repite las afirmaciones varias veces a lo largo del día conseguirá que sus hijos estén más cerca de la auténtica verdad acerca de sí mismos.

Para que este libro sea una herramienta didáctica más eficaz, apunte en una libreta todas aquellas ideas que se le ocurran antes, durante o después de realizar cada ejercicio. Anote también cómo piensa complementarlo, por ejemplo con juegos de imitación, reflexiones y proyectos artísticos y científicos. Apunte en ella las reacciones de los niños y sugerencias para la próxima vez que lo utilice. Puede incluir los siguientes apartados:

1. Título del ejercicio.
2. Fecha.
3. Adiciones.
4. Modificaciones.
5. Ejemplos utilizados.
6. Ideas complementarias.
7. Reacciones y preguntas de los niños.
8. Actividades para complementar el ejercicio.
9. Sugerencias para la próxima vez.

La mayor aportación de estos ejercicios es que consiguen desencadenar ideas parecidas que le serán muy útiles para describir gráficamente su filosofía. Espero que estas actividades sean un punto de partida y que, poco a poco, empiece a descubrir en los objetos de uso corriente nuevas formas de ampliar los conocimientos de sus hijos en relación a su universo mental y espiritual.

Guía para las afirmaciones

Al final de cada ejercicio aparece una afirmación, así que le aconsejo que lea este apartado antes de empezar a practicarlos.

En este libro las afirmaciones son aseveraciones positivas acerca de quiénes somos y qué podemos llegar a ser o experimentar. Son útiles como agentes de cambio, como herramientas para llevar a cabo las modificaciones que queramos en relación con nuestro pensamiento y nuestra experiencia. Este cambio es nuestra opinión acerca de nosotros mismos. Debemos sintonizar nuestro conocimiento de nosotros mismos con la perfección divina que ya hay dentro nuestro.

Todas nuestras creencias se encuentran almacenadas en el área subconsciente de nuestra mente. Ésta está compuesta de emociones, miedos, dudas, sucesos propiamente dichos y opiniones aceptadas de otros. Admite pensamientos negativos con la misma facilidad que admite pensamientos afirmativos, y establece qué cosas consideramos como ciertas. y es aquí donde interviene la herramienta de las aseveraciones. Las afirmaciones pueden ayudamos a contrarrestar algunos de los pensamientos negativos que nos hemos impuesto o aceptado de los demás. Puesto que somos espíritu somos, en esencia, perfectos. Tenemos derecho a manifestar dicha perfección. Las afirmaciones son muy eficaces en el caso de los niños pequeños porque éstos están más cerca de la verdad sobre sí mismos. No llevan tantos años como la mayor parte de los adultos sometidos a un lavado de cerebro. Nosotros los adultos llevamos la mayor parte de nuestra vida utilizando inconscientemente afirmaciones negativas, hecho que provoca muchos estados no deseados. Utilizamos afirmaciones negativas cuando decimos: «No sé hacerlo», «Estoy muy cansado», «Creo que voy a caer enfermo», «Leo muy despacio», «Mi ortografía es horrible», o «No tengo memoria». Por regla general sostenemos este tipo de afirmaciones o de autonegaciones cuando hablamos con nosotros mismos, en ese torrente continuo de verborrea interior.

Si lo deseamos de verdad, mediante aseveraciones o afirmaciones positivas podemos modificar cualquier cosa acerca de nuestra persona. Nos ayudan a contrarrestar el bombardeo de frases despectivas que nos autoinfligimos a lo largo del día. Las afirmaciones cargadas de sentimiento tienen la virtud de impregnar nuestra mente subconsciente por el proceso de ósmosis, del mismo modo que un tallo de apio se vuelve rojo cuando se sumerge en agua tintada de rojo y la absorbe. Encontrará otras analogías igualmente útiles en el apartado El poder de las afirmaciones.

Es preciso que nuestra mente consciente encuentre creíbles las afirmaciones para que nuestra mente subconsciente las puedad aceptar completamente. La parte subconsciente de nuestra mente tiene capacidad formativa, es decir, da forma a aquello que creemos que es cierto. No son las palabras sino los sentimientos los que originan la forma.

Sugerencias para crear afirmaciones

Para que la afirmación suene personal utilice «Yo», o «Mi», o su nombre. Las aseveraciones convincentes empiezan por «Yo soy». Las afirmaciones del tipo «Yo puedo» son también muy eficaces.

Exprese su afirmación como si ya hubiese hecho el cambio que desea hacer, como si ya fuera la clase de persona que quiere ser.

Utilice el tiempo presente, por que el tiempo futuro puede destruir el valor de una aseveración. La mente subconsciente es muy literal, y si expresa su afirmación como si tuviera que tener lugar en el futuro, siempre será en un futuro. Evite las formas «Yo seré...», «Voy a...», y otras parecidas.

Su afirmación debe denotar que ha logrado su objetivo, no que está «tratando de conseguirlo».

Las afirmaciones resultan más eficaces si van acompañadas de una imagen mental. Es más fácil imaginarse un hecho consumado que un vago proceso de crecimiento.

Su afirmación debe describir las actitudes que usted desea cultivar y no aquello de lo que quiere alejarse. Utilice pensamientos positivos en vez de pensamientos negativos. En lugar de decir «yo no me enfado» diga «soy una persona tranquila».

No se compare con los demás haciendo afirmaciones como: «Escribo tan bien como Susan». Concéntrese en sí mismo: «Me expreso con claridad».

Sea específica en cuanto al nivel exacto que desea conseguir: «Puedo nadar tres largos» o «Tocaré el ejercicio de piano de esta semana a la perfección».

Introduzca en sus afirmaciones palabras que expresen sentimientos para conferirles una carga emocional: «Me encantan las matemáticas» o «Me siento orgulloso de mis conocimientos informáticos».

Sugerencias para el uso de las afirmaciones

En el caso de los niños, las afirmaciones más importantes son aquellas que fortalecen su autoestima. La autoestima es fundamental para ser feliz y para triunfar en la vida. Son muchos los padres y profesores que enseñan a los niños a repetirse varias veces al día las palabras mágicas «Me gusto». Los sentimientos de cordialidad y cooperación que dichas palabras fomentan son asombrosos, y es que para gustar a los demás primero debemos gustamos nosotros mismos.

Anime a sus hijos a utilizar estas palabras mágicas tres veces al despertarse y antes de acostarse para contrarrestar el bombardeo de frases despectivas que reciben a lo largo del día procedentes de sí mismos y de los demás.

Los niños un poco mayores pueden decir «Me siento bien y cariñoso conmigo mismo» o «Me gusto total y completamente». El ser al que aluden es el Ser Superior, por lo que con estas palabras los niños están afirmando el Espíritu que hay en ellos.

Le insto a que utilice oraciones afirmativas antes de empezar el ejercicio del día. Antes de reunirse con los niños, escriba o diga algo como «La mente y el corazón de estos niños están abiertos para entender la lección».

Las afirmaciones nos causan una impresión más honda cuando estamos profundamente relajados, por ejemplo cuando estamos a punto de quedamos dormidos, al despertar o mientras meditamos. Ésta es la razón por la que en esos momentos los pensamientos negativos pueden hacemos mucho daño.

Su mente subconsciente formativa es muy receptiva a las visualizaciones detalladas, por lo que resulta muy útil reforzar las afirmaciones con imágenes mentales. Una imagen potente vale más que mil palabras.

Cuanto más alegre sea la emoción que asigne a la afirmación, más eficaz será ésta. Los sentimientos, tanto los negativos como los positivos, poseen poder formativo.

La repetición es otra de las claves para que las afirmaciones resulten eficaces. Utilícelas muchas veces cada día. Coloque la afirmación en varios lugares visibles a modo de recordatorio.

Cuantos más sentidos implique, más poder conferirá a su afirmación. Si desea obtener resultados inmediatos, le recomiendo que la anote, la diga, la recite o la cante.

LAS SEMILLAS

Para los principiantes

1. Sonría con una pajita en la boca

Es aconsejable realizar este ejercicio antes de llevar a cabo cualquiera de los otros ejercicios.

Materiales

Una pajita de las que se usan para beber.

Ejercicio

«Inspirad. Poneros la pajita en la boca, entre los dientes; no debéis tocar la pajita con los labios. Dejarla tal cual mientras os explico lo que vamos a hacer. Se llama "sonreír con una pajita en la boca". Los estudios sobre la reducción del estrés demuestran que tras realizarlo tres veces, las células del cerebro empiezan a liberar endorfinas (las hormonas que hacen que nos sintamos bien).»

«Durante los tres próximos minutos os voy a estar hablando y vosotros debéis mantener la pajita entre los dientes. Cuando reímos también liberamos endorfinas. La risa hace muchas cosas buenas por nuestro cuerpo. He aquí unas cuantas de esas cosas: aumenta los niveles de oxígeno en las células, lo cual nos proporciona energía; estimula el sistema inmunológico de nuestro cuerpo; y resulta beneficiosa en caso de ansiedad, insomnio, irritabilidad, depresión, asma, tensión, migrañas y otros muchos achaques y dolencias.»

«La risa se considera también una especie de footing interior porque proporciona un buen masaje a todos los órganos internos. Es posible que penséis que sujetar la pajita de este modo es una bobada, pero si os fijáis veréis que os obliga a sonreír; la ciencia ha demostrado que aunque uno no se sienta feliz, si es capaz de sonreír durante un rato y actúa como si estuviera feliz, automáticamente se sientes más feliz.»

Si lo desea, puede tener pajitas en distintos lugares de la casa y en el coche.

Concluya el ejercicio con una fuerte risotada prolongada.

Afirmación

Soy una persona alegre y me río a menudo.

2. El magnetismo del elogio

Materiales

Un platito con arena y un imán o dos. (Puede sustituir la arena por sal con algunas limaduras de hierro. Compruebe con el imán si hay suficiente hierro.

Si fuera necesario, lime un clavo de hierro y añádalo a la mezcla.) Opcional: una lupa.

Ejercicio

Pregunte a los niños si pueden distinguir o extraer con los dedos las partículas diminutas de hierro que hay en la arena. Pregúnteles qué herramienta podrían utilizar para conseguirlo. Coja un imán y enséñeles cómo se pegan a él las partículas de hierro.

«El platito lleno de arena (o sal) representa el día y el imán simboliza un corazón agradecido. Un corazón agradecido puede pasar revista al día y entresacar muchas satisfacciones, del mismo modo que el imán puede extraer el hierro.»

«Pero un corazón desagradecido es como vuestros dedos. Puede buscar una y otra vez entre los granos de arena –su día– y no encontrar ninguna partícula de hierro ni nada que elogiar. Un corazón lleno de gratitud y alabanzas encontrará algo por lo que sentirse agradecido cada hora del día.»

Sugiérales que con el imán recojan los granos de arena por turnos.. Dígales que dichos granos son las satisfacciones que cada niño ha experimentado durante la última hora. Los amigos, la vista, el oído, un buen desayuno y prendas de vestir bonitas son algunos de los ejemplos que probablemente mencionarán.

En una segunda ronda pueden recoger satisfacciones que han recibido una hora antes, tales como cumplidos, distintos miembros de la familia, juguetes y animales de compañía. Haga lo mismo con horas anteriores, incluso con el día anterior.

Explíqueles que cuando mostramos gratitud por todo aquello que tenemos, dicha gratitud funciona como un imán y atrae más cosas buenas hacia nosotros. Este agradecimiento puede manifestarse a través del silencio y consistir en alabar silenciosamente las cualidades buenas que vemos en los demás. Dicha alabanza atraerá estas cualidades hacia nosotros y todavía tendremos más cosas por las que sentimos agradecidos.

Esta analogía es aplicable también a cualquier reto que un niño deba afrontar a lo largo de su vida, por ejemplo, si tiene que mudarse a otra ciudad o se rompe una pierna. El platito de arena representa la situación, el imán la mente, que trata de encontrar el lado bueno de la misma, y las partículas de hierro las ventajas que el niño puede descubrir.

Existe todavía otra posible analogía. Coja la lupa y explíqueles que el Espíritu magnifica todo aquello que nosotros alabamos y bendecimos. y dichas bendiciones, simbolizadas por los granos de arena, aumentarán si nuestro corazón está sinceramente agradecido. Aquello en lo que pensamos, se incrementa.

Afirmación

Soy una persona agradecida, y me gusta elogiar las cosas buenas que hay en mi vida.

3. Encuentre su camino

Materiales

Piedras del camino.

Ejercicio

Hay muchas cosas que nos ayudan a no perdernos cuando nos vamos de excursión por el bosque, el desierto o cualquier otro lugar de la naturaleza. Donde vivo, los excursionistas y los guardas forestales hacen montones de piedras, normalmente planas, para señalar el camino. En pleno desierto resultaría muy fácil perderse si no hubiera esos «indicadores» a lo largo del camino. Otro método para no salirse del camino consiste en observar las formaciones rocosas (por ejemplo en forma de flecha) dejadas por otros que pasaron antes por el mismo sitio.

«Nos encontramos en un camino al que denominamos Vida y sin ayuda es fácil que acabemos perdiéndonos. ¿Qué tipo de ayuda, oraciones o reflexiones interiores utilizáis?» Hable de las situaciones en las que pueden necesitar ayuda para regresar al camino. ¿Qué puede hacer uno cuando se siente perdido? (Es un buen momento para que los adultos expliquen los métodos que utilizan para conseguir ayuda.)

Afirmación

Puedo conectar con mi Espíritu interior y así saber siempre lo que debo hacer.

4. El interior da forma al exterior

Materiales

Uno o dos globos hinchados o tres o cuatro globos deshinchados. Opcional: un globo para cada niño.

Ejercicio

Otro posible nombre para este ejercicio es «Lo invisible da forma a lo visible». Empiece explicándoles que cada globo representa una persona, y que cada persona está llena de aliento vital, al igual que los globos cuando los hinchamos. Diga a los niños que inflen los globos llenándolos con su aliento vital. Hágales ver que el aire, o la vida, está presente en todos los globos y en todas las personas.

«La gente ve únicamente el exterior del globo o el exterior de las personas, y tiende a pensar que ésta es la parte importante. No obstante, lo que realmente importa es aquello que hay dentro, porque lo que hay en el interior engendra el exterior. Es el interior lo que confiere la forma al globo. De lo contrario sería flácido e inútil, como uno de los globos deshinchados». Muestre a los niños los globos deshinchados.

«Debéis comprender que el interior de una persona es más importante que su aspecto externo. El aire que tenemos dentro es importante porque es lo que nos da vida. E igualmente importantes son los pensamientos y los sentimientos que hay en nuestro interior. En muchos sentidos, éstos contribuyen a definir tanto nuestra personalidad como nuestras experiencias. Lo más importante es el Espíritu que hay en nuestro interior». Quizás prefiera utilizar otra terminología para explicar este rasgo de perfección común a todas las personas, sea cual sea su aspecto externo.

Continúe con el símil de los globos: «¿Os dais cuenta de que la vida o el aire que hay dentro del globo es la parte importante? ¿Qué le ocurre al aire que hay dentro del globo si lo liberáis?» Los niños observarán que el aire del globo se vuelve a mezclar con el aire que hay fuera del globo.

Puede establecer una comparación entre la liberación del aire, o la vida, y la muerte del cuerpo físico. Ayude a los niños a comprender que la muerte no existe porque la fuerza vital se reincorpora a la fuente original, al igual que el aire, y sigue existiendo de otra forma. Este ejercicio puede resultar muy útil cuando se muere alguien de la familia o cercano a ella.

Afirmación

Tengo presente que el interior de las personas es más importante que su aspecto exterior.

5. Nosotros somos una forma visible del Espíritu

Materiales

Un cuenco lleno de agua fría con cubitos de hielo.

Ejercicio

Explique a los niños que los cubitos de hielo representan a todos los seres humanos y que el agua simboliza el Espíritu, el poder invisible del universo. El agua puede adoptar una forma, la forma del hielo. El Espíritu, que es invisible, también puede adoptar una forma y volverse visible. Nosotros somos formas visibles del Espíritu, del mismo modo que los cubitos de hielo son otra forma de agua.

Dígales que son los cubitos de hielo los que proceden originariamente del agua, y no el agua de los cubitos de hielo. Nosotros pasamos de lo invisible a lo visible, y al igual que el hielo cuando se derrite, en ese instante que denominamos muerte simplemente abandonamos nuestro cuerpo y nuestro espíritu regresa al Espíritu, o lo que llamamos invisible.

Para disipar el miedo a ser invisible, o «nada», dígales que cuando nuestro espíritu regrese al Espíritu, estaremos en un mundo muy feliz, agradable y visible. Sencillamente tendremos un cuerpo espiritual en lugar de un cuerpo físico. Explíqueles que algunas personas cuando experimentan la transición que denominamos muerte necesitan cierto tiempo para darse cuenta de que han abandonado su cuerpo físico. Puede consultar libros actuales que traten sobre el tema de la vida después de la muerte. Pida información en alguna biblioteca.

Finalice el ejercicio explicando que todo es energía, pero que ésta cambia de forma del mismo modo que el agua se transforma de líquido a vapor o a hielo. Puede recalcar este cambio de estado mostrándoles una tetera humeante en la cocina.

Afirmación

Soy un ser espiritual con forma física.

6. Luces de celebración

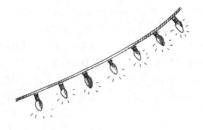

Materiales

Unas luces de navidad o de adorno.

Ejercicio

Nuestro espíritu interior es como las brillantes luces del árbol de navidad. El niño que todos llevamos dentro disfruta con la belleza de las luces de colores, tanto si adornan la chimenea o la entrada como si adornan el jardín. No espere a las navidades. Cuando las encienda, la luz festiva activará el espíritu festivo que lleva dentro.

Puede colocar una tira de luces en una pared para que el niño las encienda y recuerde la conexión entre la luz y la alegría. También puede encenderlas con frecuencia como recordatorio de lo que podemos hacer para dejar que Dios entre en nuestras vidas.

Pueden simbolizar la paz, el amor y la alegría de nuestro corazón. La vida puede ser dura, pero basta con darle a un interruptor de nuestro corazón para que, a los pocos segundos, la Vida empiece a mejorar. Deje que las luces brillantes le recuerden la existencia de su Luz interior.

Puede utilizar las bombillas de colores como símbolos de ideas nuevas y así prolongar este ejercicio durante varios días.

Afirmación

Mi espíritu interior resplandece como las luces de navidad.

7. Una oración puede alegramos el día

Materiales

Un trozo de tela cuadrada de unos quince centímetros de lado. Uno de los lados debe tener dobladillo y el lado contrario debe estar un poco deshilachado. Opcional: un trozo de tela sin dobladillo, hilo y aguja para cada niño.

Ejercicio

Este ejercicio está basado en una cita de autor anónimo: «Un día repleto de oraciones es menos probable que se deshilache».

Haga ver a los niños que el dobladillo impide que el borde de la tela se deshilache. Tire de uno de los hilos sueltos que hay en el lado opuesto para mostrarles lo que puede ocurrirle a una tela que no tenga dobladillo. Si lo desea, puede comparar un trapo que tenga dobladillo en todos los lados y un trozo de tela sin dobladillos después de limpiarlos en la lavadora. El dobladillo representa la oración, especialmente las oraciones de primera hora de la mañana. La tela simboliza el día y el borde deshilachado de ésta representa los contratiempos, disgustos y errores que pueden producirse durante el día. Los niños pueden brindar ejemplos de lo que significa un día lleno de «meteduras de pata».

Sugiérales oraciones que pueden utilizar para empezar el día con buen pie. En ellas deben pedir orientación, afirmar el orden divino, comprometerse a ayudar a los demás y garantizar una actitud pacífica y afectuosa, ocurra lo que ocurra. Mientras proponen pensamientos afirmativos para sus oraciones, los niños pueden coger el hilo y la aguja y hacer el dobladillo en su trozo de tela. O pueden aprenderse de memoria una oración corta que sea apropiada para su edad, como por ejemplo: «Soy un Espíritu que participa en todo aquello que piensa, dice y hace hoy», o «El Espíritu que hay en mí hoy piensa a través mío, siente a través mío y actúa a través mío».

Después puede comentar lo eficaz que resulta la técnica de visualizar un día feliz. Practíquenla todos juntos a partir de una idea sencilla y específica.

A continuación encontrará otras ideas que puede utilizar con niños un poco mayores:

- Dado que un pensamiento unido a un sentimiento tiene poder creativo, es posible que estemos rezando todo el día.

- Éste es un planeta libre, por lo tanto tenemos que pedir aquello que queremos. El reino espiritual no puede obstaculizar nuestro libre albedrío.

- La oración suele considerarse un modo de hablar con el Espíritu, y la meditación un modo de escucharle.

- Si pedimos ayuda espiritual, sería absurdo que después no nos molestásemos en sosegar nuestra mente y en estar atentos a una posible respuesta.

Afirmación

Empiezo el día con una oración y dejo que el Espíritu me muestre el camino.

8. Nuestra relación con el Espíritu

Materiales

Una barra de pan partida en pedazos de diversos tamaños y formas. También puede utilizar un bizcocho sin escarchar. Si tan sólo participan uno o dos niños, utilice un panecillo.

Ejercicio

Dé a cada niño un pedazo de pan. «¿Son todos los trozos iguales?» A pesar de que su tamaño y su forma son distintos, ¿tienen algo en común? Ayúdeles a ver que todos contienen idénticos ingredientes. Todos los pedazos tienen la misma proporción de sal, la misma proporción de harina.

Explíqueles que los trozos de pan son iguales que nosotros. En esencia estamos hechos de la misma pasta, aunque tengamos formas y tamaños distintos. La barra de pan representa el Espíritu, o Dios, y puesto que el Espíritu está en todas partes, se encuentra en cada uno de nosotros. Cada uno de nosotros es una pe-

49

queña parte del Espíritu y por tanto lleva en su interior las cualidades divinas de la paz, la alegría, la claridad, el amor, la salud, el orden, la sabiduría, el poder, etcétera.

Coménteles que esto es así para todo el mundo. Tengamos el aspecto que tengamos y nos comportemos como nos comportemos, todos llevamos las cualidades del Espíritu en nuestro interior. Pero en algunas personas dichas cualidades están muy escondidas, porque no saben que las poseen. Podemos ayudar a dichas personas buscando el amor, la paz, el orden, la salud y la bondad que sabemos que hay en ellas. Todos formamos parte del Espíritu; no existe separación alguna.

Puede ampliar esta idea e incluir a los animales y las plantas.

Afirmación

Dado que soy hijo del Espíritu, poseo las cualidades del Espíritu.

9. El efecto bumerán

Materiales

Una goma elástica. Opcional: un bumerán, un yoyó o un espantasuegras que se desenrolla cuando soplamos y luego vuelve a enrollarse.

Ejercicio

El efecto bumerán es otra denominación de la ley de causa-efecto, una ley fundamental que se conoce con muchos nombres distintos. El objetivo de este ejercicio es recordarnos que uno recoge aquello que siembra, es decir, tanto das, tanto recibes. Diga a los niños que observen cómo se pone una goma elástica u otro objeto alrededor del dedo, la estira y la deja ir de nuevo. Hágalo varias veces. «La ley de causa-efecto dice que todo lo que va, viene, como ocurre en el caso de la goma elástica. Todo aquello que el pensamiento, la palabra o la acción introduce en el universo regresa al punto central de donde partió. Así pues, si transmitimos pensamientos y acciones amistosos, atraeremos la amistad de los demás». Tire de la goma elástica para representar un pensamiento amigable acerca de alguien. A continuación, déjela ir para simbolizar un pensamiento bueno de regreso, consecuencia del pensamiento amigable. Después pida a los niños que critiquen a alguien. Estire la goma elástica y déjela ir para mostrarles que la crítica retornará igualmente a ellos. Si utiliza un yoyó, hágalo descender y mencione un pensamiento positivo como el amor. Mientras el yoyó sube, vuelva a decir «amor» para simbolizar que el amor regresa a usted. Repítalo con un ejemplo negativo.

«Tanto siembras, tanto recoges» es otra cita que expresa el efecto bumerán. Si somos justos y serviciales, nos encontraremos con personas dispuestas a compartir sus cosas con nosotros y a echarnos una mano. Por el contrario, si tenemos pensamientos recelosos o nos comportamos como si temiésemos que alguien nos hiciera daño o tuviésemos miedo de perder alguna cosa, este tipo de experiencias efectivamente pasarán a formar parte de nuestra existencia.

Termine el ejercicio con una nota positiva subrayando la naturaleza fantástica y creativa de los niños, y su aptitud para escoger todo lo que ocurre en su vida a través de sus pensamientos y sus sentimientos. Una acción siempre va precedida de un pensamiento o un sentimiento.

Afirmación

De mí sólo salen cosas buenas, y a mí sólo llegan cosas buenas.

10. Todos estamos conectados

Materiales

Un surtido de cuentas o de botones con dos o cuatro agujeros (corchetes no) y un trozo largo de cuerda o hilo de coser. Si lo hace con un grupo de niños, puede utilizar un hilo para cada uno o hacer que cada niño añada algunas cuentas a un hilo común muy largo.

Ejercicio

En este ejercicio la cuerda representa al Espíritu, las cuentas son nuestra individualidad o nuestra individualización del Espíritu, y los distintos colores, formas y texturas simbolizan la personalidad y el aspecto de cada uno de nosotros.

Haga que cada niño escoja algunas cuentas o botones y que piensen a quién representa cada una de ellas, por ejemplo, a su papá, a su tío Charlie, a su abuelita, a su hermanita, a su maestra, al cartero y a sí mismo. Cada cuenta o botón debe tener un tacto y un aspecto distinto a los demás, tal y como ocurre con las personas. Haga ver a los niños que todas esas personas tienen algo en común: un mismo hilo en el centro de su ser. Este cordón, que nos conecta a todos del mismo modo que el hilo conecta todos los botones o cuentas, podría denominarse Espíritu. La gente lo llama de muchas formas, y se encuentra en el centro de todos nosotros. Asegúrese de que entienden que no se refiere al centro del cuerpo físico.

«Tenemos que ver más allá del color y la forma de las cuentas o más allá del aspecto y la personalidad de cada persona y saber que por dentro, en el centro o núcleo de nuestro ser, todos somos iguales. Dicho núcleo es perfecto y es la parte más importante de nuestro ser. Si nos miramos a las otras personas como si fueran cuentas de distintos colores y formas, podemos llegar a sentimos muy alejados y distintos de los demás. Pero si tenemos presente que estamos todos conectados por el cordón del Espíritu, nos sentiremos próximos a los otros. Podemos optar por buscar este centro de perfección que hay en el interior de las personas, en lugar de conformamos con la persona externa.»

Si le parece apropiado, diga a los niños que relajen la mente, se adentren en su interior y sientan ese cordón de amor, paz y perfección.

Afirmación

Yo busco la perfección en los demás.

11. No juzgue

Este ejercicio puede dividirse en dos partes.

Materiales

Primera parte: Un fragmento pequeño de una fotografía recortada de alguna revista, calendario o folleto para cada niño. Por ejemplo, si en la fotografía aparece una cara, recorte tan sólo la boca; si se trata de un paisaje, recorte únicamente un árbol o un trozo del lago.

Segunda parte: Una hoja de papel en blanco con un agujerito en el centro para cada niño. Pueden perforarla los mismos niños con un lápiz, o puede estar ya perforada.

Ejercicio

Primera parte: Dé a cada niño un fragmento de fotografía y pregúnteles cómo se imaginan el resto de la misma. Para ellos será como jugar a las adivinanzas. Se darán cuenta de que no tienen datos suficientes como para emitir un juicio correcto. Explíqueles que esto suele ocurrir con la mayoría de los juicios que emitimos en este mundo, especialmente con aquellos que se refieren a personas. Muestre la fotografía de una oreja o una nariz. «Así como a partir de esta información fragmentada no hay mucho que podamos decir acerca de la cara, tampoco hay mucho que podamos decir acerca de una persona a partir de su aspecto o de sus actos. Para juzgar correctamente a alguien deberíamos saber tantas cosas de su pasado y de su presente que emitir un juicio justo resulta prácticamente imposible. Tan sólo vemos fragmentos de realidad, nunca la imagen en su totalidad, y debemos dejar de pensar que podemos comprender un todo a partir de dichos fragmentos. Entender esta idea es ser sabio, y la sabiduría consiste en no juzgar».

Segunda parte: Dé a los niños una hoja de papel y pídales que hagan un agujerito en el centro de la misma. «Miradme a través del agujero y decidme qué veis. Mirad alrededor de la habitación; fijaos en lo limitada que es vuestra visión a causa del tamaño del agujero. Observad que tan sólo podéis ver aquello que tenéis justo enfrente».

«La mayoría de nosotros miramos el mundo a través de una mirilla. La visión que tenemos de los otros es pues una visión limitada. Acercaos los unos a los otros y miraos a través de vuestra mirilla. Comprobaréis que a través del agujero sólo podéis ver un fragmento del otro; pues esto es todo lo que en realidad vemos o comprendemos de cualquier persona o situación. El conocimiento en nuestro grado de desarrollo es muy limitado. Por consiguiente, debemos tener mucho cuidado con no juzgar a la gente ni las situaciones. Sencillamente, no vemos la fotografía en su totalidad. No tenemos suficiente información.»

«Tan sólo el juicio del Creador es completo. El único modo de sintonizar con este grado de conocimiento consiste en ser receptivos. Una vez nuestra mente está formada, nos resulta imposible oír el Espíritu que llevamos dentro. Podemos pedir sabiduría en cualquier situación, y a continuación entregamos al silencio y estar atento a los consejos.»

La actividad puede concluir con una meditación dirigida precedida por algunos ejercicios respiratorios que les ayuden a relajarse.

Afirmación

Dejo de emitir juicios y confío en la sabiduría del Espíritu que hay en mi interior.

12. El método más complicado frente al método más simple

Materiales

Una batidora manual y una batidora eléctrica.

Ejercicio

Demuestre que ambos utensilios sirven básicamente para lo mismo, pero que con uno de ellos resulta mucho más difícil.

Deje que los niños prueben los dos. Pídales que le ayuden a batir un poco de jabón desmenuzado en agua, algún postre con gelatina parcialmente cuajada, o nata para montar. Hágales ver que es mucho más fácil hacerlo con la batidora eléctrica gracias a sus diversas velocidades.

«Si utilizamos la batidora manual durante mucho rato podemos acabar agotados. Resulta más difícil de usar porque no va conectada a la corriente. Con la batidora eléctrica resulta más fácil porque sí va conectada a la corriente. El cable y la toma del enchufe son los conductos de la corriente eléctrica.»

«En el caso de las personas ocurre exactamente los mismo. Podemos utilizar la fuerza superior, el poder del Espíritu, o no utilizarlo y hacerlo nosotros solos. Si lo hacemos sin ayuda de nadie acabamos rendidos y obtenemos resultados poco satisfactorios. Por el contrario, si pedimos ayuda al Espíritu, aprovechamos la fuente de donde procede todo el amor, la sabiduría y el conocimiento. Podemos recibir el asesoramiento apropiado para un proyecto concreto y la energía necesaria para llevarlo a cabo.»

«Saber que existe un poder superior, un poder espiritual, al que podemos recurrir y no utilizarlo es como saber leer, pero no leer nunca. Es como tener el manual de instrucciones de un aparato y tratar de descifrar cómo funciona sin consultarlo. ¿Qué preferís, tostar el pan con una tostadora o con una vela?»

«Podemos sintonizar con el poder superior por medio de la oración o de la meditación en silencio. Limitaros a pedir ayuda o asesoramiento y después relajad la mente y estad atentos para saber qué debéis hacer a continuación.»

Concluya el ejercicio con una meditación breve.

Afirmación

Yo recurro al asesoramiento de un poder superior.

13. Divida el problema por la mitad

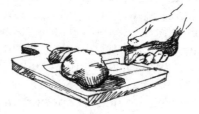

Este ejercicio (y muchos otros) pueden realizarse con marionetas.

Material

Una patata o un poco de barro, una tabla para cortar pequeña y un cuchillo.

Ejercicio

La gente dice que el hecho de aceptar los problemas sin resentimiento hace que éstos parezcan mucho menos graves, y éste es el tema central de este ejercicio.

«La vida es una escuela en la que a partir de los problemas con los que nos encontramos podemos aprender miles de lecciones maravillosas. Nuestra actitud con respecto a dichos problemas es fundamental. De nuestra actitud depende que el aprendizaje sea o no algo divertido.»

«La patata (o el barro) representa un problema, cualquier tipo de problema con el que uno pueda tropezar. Yo conozco un método para conseguir que éste parezca mucho menos grave, una forma de reducirlo a la mitad». Primero deje que los niños aporten ideas. Es posible que algunas de las ocurrencias sean realmente ingeniosas. Después explíqueles que un modo de dividir el problema por la mitad consiste en eliminar o deshacerse de los resentimientos.

Demuéstrelo cortando la patata por la mitad. Designe la parte extirpada con el nombre de *resentimiento* y dígales que dicho resentimiento era lo que hacía que el problema pareciese dos veces más grande. «Si nos libramos de los sentimientos de enojo y bendecimos el problema, éste no sólo parecerá menos grave, sino que además habremos recuperado nuestra energía y podremos dedicarla a buscar soluciones. El resentimiento, como todas las emociones negativas, es una forma de miedo, y desgasta nuestra energía».

«Si aprendéis a aceptar los problemas como retos interesantes, como oportunidades para aprender, sencillamente como las lecciones que nos da la vida, éstos no parecerán ni la mitad de graves. Además, no tenéis porque ocuparos de los problemas o del resentimiento vosotros solos. El Creador está siempre dispuesto y podemos pedirle ayuda. El Espíritu puede transformar el resentimiento en amor.»

Afirmación

Yo acepto los problemas como retos excitantes y descargo los sentimientos de resentimiento en el Espíritu.

14. Tenga cuidado con las palabras

Materiales

Un cuenco lleno de agua, un salero o un platito con sal y una cucharilla.

Ejercicio

Este ejercicio demuestra que las palabras una vez dichas no pueden retirarse, al menos en el plano físico. No obstante, podemos anular sus efectos por medio de la oración y de acciones positivas.

«El platito (o el salero) nos representa a nosotros, la sal simboliza nuestras palabras y el cuenco lleno de agua es otra persona». Vierta la sal en el agua. «Observad cómo se disuelven las palabras en la otra persona si ésta las recibe». Personalice la demostración explicando que tuvo una discusión con alguien y utilizó insultos de los que más tarde se arrepintió. Mientras vierte la sal en el agua, diga: «Éstas son las palabras que utilicé: *estúpido, holgazán, mentiroso, demente, desgraciado.* Después quería retirarlas porque en realidad no era lo que pensaba. ¿Pero creéis que pude? ¿Podéis sacar algunas de estas palabras o granos de sal del agua?».

«Nuestras palabras y nuestros pensamientos pasan a formar parte del mar de pensamiento que se extiende a nuestro alrededor y, tal y como sucede con la sal, no podemos recuperarlas nunca más. Por lo tanto, debemos tener mucho cuidado con lo que decimos. Antes de hablar deberíamos preguntamos si lo que vamos a decir será positivo para la atmósfera del pensamiento o la contaminará, si hará feliz o desdichada a la otra persona.»

«Ocurre lo mismo con los pensamientos. Podemos contribuir a neutralizar los pensamientos negativos sustituyéndolos por afirmaciones positivas y constructivas. Por ejemplo, podemos anular la idea de que alguien es un perdedor si pensamos que dicha persona es un ganador. ¿Cómo podemos reducir el grado de salinidad, es decir la negatividad, del cuenco de agua? ¿Surtirá efecto en la atmósfera de pensamiento?

Las afirmaciones positivas pueden diluir una gran parte de la negatividad. Explíqueles que el Espíritu puede corregir todas nuestras equivocaciones en el plano espiritual. Recuerde que no debe dejar a los niños con un sentimiento de culpa. Enséñeles que por medio de las afirmaciones y de la oración podemos remediar los errores pasados y sentimos perdonados.

Afirmación

Yo vigilo atentamente mis palabras y mis pensamientos.

15. Nuestro potencial oculto

Este ejercicio consta de dos analogías distintas, por tanto si lo prefiere puede realizarlo en dos veces.

Materiales

Un huevo crudo, un platito de cristal y una geoda (basta con la mitad, pero es mejor que utilice las dos mitades pegadas).

Ejercicio

Primera parte: Muestre el huevo y hable a los niños acerca de los milagros. Dígales que nosotros también somos una especie de milagro. «Imaginaos a alguien procedente de un país en el que no existieran los huevos; ¿Pensáis que se creería que de esta cáscara puede salir un pollo?» Rompa el huevo en el plato. «Esa persona examinaría el contenido tratando de encontrar algún indicio de plumas, ojos o patas, y lo más probable es que llegara a la conclusión de que no hay la más mínima vida potencial en dicho revoltijo pegajoso. No obstante, si un huevo fértil se incuba el tiempo necesario, lo que hay dentro de la cáscara se transforma en un pollito perfecto.»

«Lo mismo sucede con los seres humanos. Nuestro potencial, nuestro esplendor oculto, no se hace manifiesto a no ser que lo reconozcamos y lo alimentemos. Los padres pueden contribuir, pero debemos aprender a hacerlo solos. Nosotros, como el huevo, contenemos ya todo lo necesario para ser aquello para lo que el Espíritu nos ha concebido. Somos completos y perfectos, pero al igual que el pollito debemos estar dispuestos a salir de nuestro cascarón. Es un acto solitario. Nadie puede hacerlo por nosotros.»

Segunda parte: La segunda analogía está representada por una geoda, esas rocas grisáceas y sin ningún atractivo que si se parten por la mitad revelan vistosos cristales de distintos colores. Muestre la geoda entera. «Nos simboliza a nosotros. Las asperezas y manchas representan las imperfecciones que vemos, nuestros errores, nuestras malas costumbres».

Después separe las dos mitades o dé la vuelta al trozo del que dispone dejando al descubierto la parte interior. «Así como dentro de la roca grisácea descubrimos una luz y una belleza inesperadas, también hay una luz, un amor y un ingenio insospechados en el interior de todos nosotros. Ésta es nuestra verdadera naturaleza, nuestro yo auténtico, y es con éste con el que queremos sentirnos identificados, y no con nuestro yo externo».

Otra analogía muy apropiada para este ejercicio es la de la metamorfosis que experimenta la oruga convirtiéndose primero en crisálida y después en mariposa.

Afirmación

Yo acepto la magnificencia que hay en mí y dejo que mis palabras y acciones reflejen mi verdadera identidad.

16. El Espíritu está presente en todas partes

Materiales

Un cuenco de cristal o de plástico transparente lleno de agua y un frasquito de cristal transparente sin tapa.

Ejercicio

La ilustración que aparece más arriba representa el cuerpo completamente sumergido en el Espíritu. Pero a los niños puede costarles mucho comprender quién o qué es el Espíritu. Un día oyen que el Espíritu está dentro nuestro: «Adéntrese en su interior y escuche al Espíritu que hay en su corazón». Al día siguiente oyen que el Espíritu está en todas partes y en todas las cosas, incluso en la cucaracha.

Esta simple analogía visual puede hacer que un tema *muy* complicado resulte *muy* sencillo. El agua simboliza el Espíritu puro y se encuentra tanto dentro como fuera del cuerpo, que está representado por el frasquito de cristal. Si los niños han visto el mar, compare el cuenco de agua con el mar y la botellita con sus cuerpos, o dígales que todos nosotros somos como gotas de agua en el inmenso océano del Espíritu.

Si lo desea, aluda a la analogía de la barra de pan, que mostraba que todos nosotros somos fragmentos de un todo y tenemos las mismas cualidades divinas.

Afirmación

No existe ningún lugar donde Dios no esté presente.

17. Si no lo veo no lo creo

Materiales

Uno o dos catálogos de venta por correo.

Ejercicio

La Ley de la Creación Deliberada dice que debe existir un equilibrio entre aquello que deseamos y aquello que esperamos para que podamos aportar algo nuevo a nuestras vidas.

Por ejemplo, si queremos ir de acampada, tenemos que desearlo tanto con el pensamiento como con el corazón, y además debemos creer que es posible. Muchas veces deseamos algo con el pensamiento y con el corazón, pero nos falta el convencimiento de que ocurrirá.

«Cuando hacemos un pedido por catálogo, aceptamos mentalmente el artículo en cuestión. Pensamos que ya lo tenemos. Es algo que damos por hecho. Incluso es posible que hayamos comprado algo que hace juego con ello o que hayamos decidido dónde vamos a ponerlo. En la creación deliberada hace falta este tipo de aceptación mental.»

Enseñe a los niños un catálogo de venta por correo y asegúrese de que comprenden cómo funciona este sistema de compra. Puede incluso dejar que hagan un pedido para que les quede grabada en la memoria la sensación de aceptación mental.

Afirmación

Si no lo creo no lo veo.

18. Fíjese en el cuadro y no en el marco

Materiales

Un cuadro con un marco llamativo. Cubra la pintura con una hoja de papel.

Ejercicio

«Que tontos seríamos si fuéramos a una galería de arte y concentrásemos toda la atención en los marcos en lugar de en las obras maestras que hay en ellos. Esto es lo que hacemos cuando nos fijamos en nuestro cuerpo en vez de en el amor y el espíritu que hay en su interior. Lo que tenemos que ver es la obra maestra que el Creador ha colocado dentro del armazón transitorio que es nuestro cuerpo. Nosotros somos mucho más que nuestro cuerpo.»

Otra analogía que puede utilizar es la del traje espacial. «Así como para ir a otro planeta necesitaríamos un traje espacial, para venir al planeta tierra también necesitamos uno. Se llama cuerpo. Nuestro cuerpo no es nuestro verdadero yo. Existíamos antes de estar en nuestro cuerpo y seguiremos existiendo cuando lo abandonemos.»

Los niños pueden hacer ver que van a una galería de arte y admiran los marcos, o que son astronautas escogiendo y poniéndose sus trajes espaciales. Recuérdeles que lo que tienen que buscar en los demás es la luz, o las cualidades espirituales, y que no deben dejarse atrapar por los marcos o los trajes espaciales.

Afirmación

Me gusta mirar más allá del cuerpo, a la persona interior.

19. Pensamientos puros

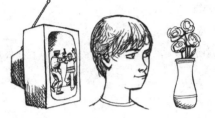

Materiales

Cinta adhesiva de pintor, retales de fieltro de colores oscuros o un abrigo o suéter viejo.

Ejercicio

Para estar repletos de Alegría y cerca del Espíritu debemos evitar las malas vibraciones tales como la blasfemia, la pornografía y la violencia, y eso incluye también el mero hecho de ser testigo de ellas, por ejemplo en un programa de televisión. Si nuestra mente está atestada de ese tipo de pensamientos, se vuelve impura. Y la impureza atrae más impureza.

Enrolla la cinta adhesiva alrededor de las manos del niño, con la cara que pega hacia fuera. Pídele que restriegue la cinta por un trozo de fieltro oscuro o por encima de un suéter o abrigo viejo. Muéstrale que la pelusa del fieltro o prenda de vestir se pega a la cinta. Explícale que la mente es como la cinta y que retiene aquello a lo que es expuesta. Los pensamientos impuros se meten en la mente y cuesta muchísimo eliminarlos. Pídele al niño que intente quitar la pelusa de la cinta.

Afirmación

Mantengo mis pensamientos tiernos, puros y limpios.

LOS BROTES

Para alumnos más aventajados

20. Las cosas parecidas se atraen

Materiales

Uno o dos imanes potentes, un rotulador, dos papelitos y trozos de cinta, y una bandeja llena de objetos pequeños, algunos de los cuales contengan hierro o acero, que pueda encontrar rápidamente en la cocina, tales como un vaso de papel, una pajita, un palillo, un lápiz, un clip sujetapapeles, una cuchara para hacer mediciones, un utensilio para mondar patatas, la tapa de un bote, un abridor, un clavo, un bote de especias, unas tijeras, un cronómetro para controlar la cocción de los huevos, un cascanueces, un estropajo, un salero, y otras cosas por el estilo. Antes de empezar compruebe que el imán atrae algunos objetos y fíjese en cuáles son.

Ejercicio

Si lo desea, deje que los niños experimenten un rato con el imán y descubran qué objetos atrae. Si no lo saben, explíqueles cuál es el denominador común de dichos objetos: el hierro.

«Existe una ley que dice: "Las cosas parecidas se atraen". Se llama ley de la atracción y se considera la ley más poderosa del universo. Según esta ley, cuando tenemos un pensamiento consciente y el sentimiento correspondiente, despedimos energía a través de nuestro cuerpo, y al hacerlo atraemos una energía o vibración idéntica de otras partes.»

«Dejad que os enseñe cómo sucede. Imaginaos que todos estos objetos son pensamientos, inclusive el imán. Supongamos que este imán es un pensamiento positivo (póngale una etiqueta que diga *Pensamiento positivo*). Éste es: "Tengo muchos amigos estupendos". Veamos estos dos objetos. Uno es un pensamiento positivo: "Se me da bien cantar" (coja un objeto magnético); El otro es negativo: "Los deportes se me dan fatal" (seleccione un objeto no magnético). ¿Qué pensamiento creéis que atraerá este pensamiento magnético? (espere hasta que le den una respuesta). Recordad, la ley dice "Las cosas parecidas se atraen". En efecto, atraerá el pensamiento positivo. Veamos si ocurre de nuevo. Éstos son los pensamientos: "Le caigo bien a mi profesor" y "Mi hermano es despreciable". Como podéis ver atrae el pensamiento positivo (vaya retirando los objetos de la bandeja a medida que los usa).»

«Cojamos el otro imán (si hay dos) o cambiemos el nombre al mismo y califiquémoslo de *Pensamiento negativo*. Éste puede ser: "Pobre de mí, hoy nadie ha jugado conmigo en el colegio." ¿Qué tipo de pensamientos creéis que atraerá? Recordad la ley. Si os concentráis en este pensamiento, es posible que mañana tampoco juegue nadie con vosotros. ¿Podéis mencionar algún pensamiento negativo? Cada uno de esos pensamientos negativos atraerá otro pensamiento igualmente negativo. (Demuestre con el imán y otros objetos que los pensamientos negativos atraen otros pensamientos parecidos.)»

«Las personas que tienen pensamientos positivos atraen hacia sí personas positivas y felices con las que es divertido estar. Por el contrario, aquellos que siempre piensan negativamente atraerán personas y experiencias negativas. El modo en que fluye nuestra energía –positivo o negativo– dicta nuestro modo de vibrar. Las personas atraen según su vibración.»

Afirmación

Yo me concentro en lo positivo y atraigo hacia mí únicamente cosas buenas.

21. El poder de las afirmaciones

Le aconsejo que utilice esta actividad después del ejercicio 20, «Las cosas parecidas se atraen», y que realice las dos partes de que consta por separado.

Materiales

Primera parte: Un vaso transparente lleno de agua (tres cuartas partes), un frasco de colorante alimentario, una cuchara, un poco de lejía en un vasito y un cuentagotas (en lugar del cuentagotas también puede utilizar una pajita).

Segunda parte: Un vaso y guijarros o judías suficientes como para llenarlo.

Ejercicio

Primera parte: Explíqueles que el vaso representa la mente de una persona y el agua los pensamientos contenidos en dicha mente. Hágales ver que esta mente está llena de pensamientos claros y limpios. Pídales ejemplos de pensamientos positivos y alegres que pueda simbolizar el agua. Después pida a los niños que viertan una gota de colorante alimentario en ella y dígales que se trata de un pensamiento negativo. Pregúnteles qué pensamiento podría ser, y sugiera algo como: «No sé hablar en público» o «¡Se me ocurre cada tontería!». Mientras añade otra gota de colorante alimentario puede decir algo como, «¡Ay! Ahí va otro pensamiento negativo».

Pregunte a los niños qué puede haber atraído estos pensamientos. Ayúdeles a recordar la ley de «Las cosas parecidas se atraen», que afirma que un pensamiento negativo atraerá hacia sí más pensamientos negativos.

Siga añadiendo negatividad por el mismo procedimiento hasta que el agua esté saturada de colorante alimentario. Después diga a los niños que traten de recordar afirmaciones negativas que oyen con frecuencia en el colegio o en la televisión. Explíqueles que las personas que tienen la mente llena de negatividad suelen sentirse muy cansadas, porque los humanos consumimos la energía física tres veces más rápido cuando pensamos negativamente que cuando lo hacemos positivamente.

Pregunte a los niños si se les ocurre algún sistema para deshacerse de toda esa negatividad, de todos esos pensamientos impregnados de miedo, duda y limitación. Enséñeles que algunas afirmaciones pueden hacer maravillas. (Véase el apartado Guía para las afirmaciones.) Explíqueles que generalmente hacen falta muchos pensamientos positivos para anular un pensamiento negativo, porque éstos últimos suelen incorporarse con mucho más sentimiento o emoción que los positivos. Supongamos que el agua tintada representa un miedo o limitación que es posible que los niños sientan. Proponga una afirmación para contrarrestarlo y dígales que añadan una gota de lejía al agua. Pídales que repitan esta afirmación, u otra parecida, mientras siguen agregando gotas de lejía. Por ejemplo, si les da miedo ser tontos o menos hábiles que los otros, la afirmación puede ser: «Soy una persona lista», «Tengo mucho talento» o «Aprendo rápido». Remueva el agua de vez en cuando para que se mezcle bien con la lejía, y repita esta parte del ejercicio hasta que el agua recupere su estado transparente y positivo. (Practíquelo antes de hacerlo con los niños para saber qué cantidad de lejía necesita para aclarar el agua: más o menos una proporción de diez a uno, del mismo modo que para anular un pensamiento negativo hace falta una proporción mayor de pensamientos positivos.)

Segunda parte: Otra posible analogía para demostrar el poder de las afirmaciones consiste en usar un vasito con agua y guijarros pequeños o judías secas suficientes como para llenarlo. Compare la negatividad almacenada en nuestra mente con el agua que hay en el vaso, y sugiera que los guijarros simbolizan afirmaciones capaces de reemplazar la negatividad. Puede usar los guijarros o las judías más grandes para anular aquellas afirmaciones incorporadas (dichas) con mucha emoción o sentimiento.

Éstas son más fuertes porque los sentimientos generan cosas. Puede volver a utilizar un pensamiento, y los guijarros pueden representar afirmaciones específicas. Por ejemplo, si un niño cree que no tiene amigos, la afirmación puede ser: «Hago amigos nuevos continuamente», «Soy una persona afectuosa y cariñosa», «Soy sensible a las necesidades de los demás», «Tengo buenos amigos» o «Tengo muchos amigos».

Afirmación

Puedo determinar mi estado de ánimo por medio de mis pensamientos y mis palabras.

22. Piense en aquello que quiere, no en lo que no quiere

Materiales

Dos vasos de agua llenos de suciedad endurecida (dos tercios), una cuchara y una pila con agua corriente.

Ejercicio

«Nosotros somos el vaso y la suciedad representa alguna circunstancia negativa o conflicto en nuestra vida. Podemos eliminar dicho problema de dos modos. El primero consiste en arrancarlo y eliminarlo, que es lo que hacemos cuando nos concentramos en el problema tratando de resolverlo». Vierta la suciedad en un cuenco y hágales ver que el vaso sigue sin estar limpio.

«El otro método es mucho más sencillo, porque todo lo que tenemos que hacer es poner el vaso sucio debajo del grifo y dejar correr el agua durante unos cinco minutos». Hágalo.

El agua simboliza el flujo de energía, de pensamientos positivos e imágenes mentales que se concentran únicamente en el resultado deseado y no tiene en cuenta el problema. Toda nuestra atención se centra en el *resultado final* y no en la *forma* de conseguir dicho resultado. Estos pensamientos positivos puede ser visualizaciones, afirmaciones, mandatos o reclamos. Este método elimina el problema sin esfuerzo alguno, fácilmente, Cuando tenemos que actuar, recibimos esta orientación escuchando a nuestro Maestro Interior.

Mientras limpia el vaso, o se deshace de la suciedad, mencione un problema que a los niños les resulte familiar y pídales que sugieran afirmaciones y posibles imágenes mentales que puedan utilizarse para suprimir el problema. A continuación, invierta el proceso. Muéstreles un vaso lleno de agua cristalina (que simboliza a los niños repletos de pensamientos positivos) y enséñeles lo turbia que ésta se vuelve cuando se le añaden pensamientos negativos (suciedad), por pequeña que sea la cantidad.

El modo en que hacemos fluir nuestra energía, es decir, nuestra forma de vibrar, es el principal factor determinante de nuestras experiencias vitales.

Afirmación

Hago fluir mi energía hacia aquello que quiero, no hacia aquello que no quiero.

23. La fuerza del amor

Materiales

Dos recipientes para meter la tierra o el agua, y semillas de calabaza.

Ejercicio

Antes de plantar las semillas, coloque los dos recipientes en ambientes parecidos, pero separados el uno del otro.

Recipiente 1: mientras pone las semillas en el agua o la tierra, hábleles con un tono de voz dulce y dígales cosas bonitas y tiernas. «Os cuidaré y creceréis, floreceréis y colmaréis de felicidad mi corazón». Siga del mismo modo durante varios días, hasta que aparezcan los primeros brotes.

Recipiente 2: diríjase de forma negativa a estas semillas: utilice expresiones desagradables y un tono de voz enfadado. «Jamás germinaréis y si lo hacéis seréis débiles, nunca floreceréis ni os saldrán tallos fuertes».

Siga del mismo modo durante varios días. Observe las diferencias entre ambas plantas.

Luego hable a los niños sobre los ambientes, las personas y los entornos positivos y negativos. Hágales ver lo bien que crecemos cuando nos aprecian, nos quieren y nos valoran, y lo difícil que es sobrevivir con poca autoestima, con una imagen mala de uno mismo o cuando nos sentimos presionados o nos critican. Cuénteles ejemplos e historias apropiadas para su edad.

Afirmación

Florezco cuando me siento querido.

24. Las cosas que atraen mi atención me atrapan

Materiales

Un recipiente, como por ejemplo un florero, una botella de agua o un frasco de catchup, varios trozos de cuerda, unas tijeras y una serie de objetos varios. Ate un extremo de las cuerdas alrededor del cuello del jarrón y el otro alrededor de los distintos objetos (véase la ilustración). Si fuera necesario, utilice cinta adhesiva.

Ejercicio

«El jarrón (o botella) nos representa a nosotros, y las cuerdas simbolizan nuestra atención. Existe una ley espiritual que dice: "Conectamos con aquello en lo que nos fijamos de un modo especial, y su esencia nos llega a través de la atención. Cuando prestamos atención, la energía fluye".»

«Así pues, si su atención opta por algo que usted no desea (desplace el dedo por la cuerda hasta uno de los objetos), lo que tiene que hacer es cortar dicha cuerda. Imagínese que es un cable telefónico que puede transmitir mensajes de un lado a otro. Si la línea está cortada, dejan de llegar los mensajes». Corte de un tijeretazo la cuerda.

Dígales que los objetos representan situaciones que podrían haber atraído nuestra atención en un sentido negativo. Ponga un ejemplo, como: «Hoy he estado pensando en lo criticona que es. *Nada* le complace. Lo critica todo. Pero si sigo dándole vueltas a su forma de criticar, atraeré otras personas criticonas hacia mí o una actitud crítica en mí. Por lo tanto lo que debo hacer es cortar rápidamente ese hilo de atención (corte de un tijeretazo una de las cuerdas) y librarme de dicha negatividad».

«Veamos un ejemplo de algo que os haya llamado la atención pero que no deseéis en vuestra vida». A medida que los niños propongan ejemplos, asigne uno a cada uno de los objetos que están atados con las cuerdas. Corte la cuerda mientras repite la ley: «Aquello en lo que uno centra la atención, vuelve a uno».

Los niños propondrán ejemplos como: «que mi papá no encuentre trabajo», «que nos peleemos por la televisión», «tener que hacer tareas que no me gusta hacer», «que alguien me robe la bicicleta» o «leer despacio».

«Cada vez que os deis cuenta de que prestáis atención a algo que no deseáis, podéis cortar la cuerda mentalmente y pensar rápidamente en algo que sí queréis. Nuestros sentimientos son la clave de nuestra atención. Son más poderosos que el pensamiento. Llevan consigo más energía.»

Añada otro objeto y ate a su alrededor un trozo de cuerda. «Este objeto simboliza el Espíritu. Si pensamos en el amor, la sabiduría y el poder del Espíritu, la misma ley atraerá dichas cualidades hacia nosotros. Las cosas que atraen nuestra atención nos atrapan. Por lo tanto, dirijamos nuestra atención hacia el pensamiento más elevado que conozcamos».

Termine el ejercicio atando un trozo de cuerda alrededor de otros objetos distintos que representen ideas positivas a las que los niños desean prestar atención, como la amistad, la salud, las buenas notas y aprender una nueva habilidad.

Afirmación

Yo centro mi atención en las cosas positivas y buenas.

25. Los pensamientos no abandonan su fuente de origen

Materiales

Un lápiz y, o bien papel autocopiativo por duplicado (como el que se utiliza para las facturas), o dos hojas con papel de carbón en medio, para cada niño o adulto.

Ejercicio

Diga a los niños que traten de recordar pensamientos positivos y negativos que hayan tenido hace poco con respecto a otros. Anímeles a decir tanto pensamientos cariñosos y amables como otros odiosos, irrespetuosos y rencorosos. Para ayudarles a recordar, empiece proponiendo algunos ejemplos usted. Cada vez que le venga uno a la memoria, anote en su hoja una palabra o dos que lo describan. Diga a los niños que hagan lo mismo, utilizando símbolos en vez de palabras si todavía les cuesta escribir. Por ejemplo, un círculo puede significar un sentimiento cariñoso y un garabato un sentimiento colérico. Una vez concluida la lista, escriba *Mi cuerpo y mi cerebro* en la hoja de arriba y *Otras personas* en la de abajo. Hágales observar que todos nuestros pensamientos y sentimientos dejan su marca en nuestro cuerpo y en nuestro cerebro. No nos abandonan y pasan a la otra persona. Explíqueles, de modo que lo puedan entender, que: «Las vibraciones de nuestras emociones influyen en nuestro cuerpo, y nuestros pensamientos dejan su huella en nuestro cerebro, todo lo cual afecta nuestro modo de entender el mundo. Por consiguiente, no debemos revelar nunca pensamientos perjudiciales o rencorosos. Todo aquello que sentimos nos afecta más a nosotros que a la otra persona. Algunas veces el otro individuo ni tan siquiera es consciente de nuestros sentimientos. Todo aquello que damos –benigno o perjudicial– primero nos lo damos a nosotros mismos, como en la hoja de arriba, y luego se transmite a la otra persona». La copia hecha con papel carbón suele quedar un poco más débil que la hoja de arriba. Utilícelo para explicar que nuestras observaciones o pensamientos dañinos nos afectan más a nosotros mismos que a la otra persona.

«Podemos ayudamos por medio de pensamientos alegres, amables y cariñosos, porque éstos ejercen un efecto curativo y armonizador sobre nuestro cuerpo». Pida tanto a los niños como a los adultos que anoten algunos pensamientos positivos sobre personas específicas, y que a continuación observen que dichas emociones han quedado primero grabadas en la hoja que pone «Mi cuerpo y mi mente».

Afirmación

Trato de tener pensamientos que me ayuden a mí y a los demás.

26. ¿Tienen sus palabras exceso de peso o alas?

Materiales

Dos trozos de papel o cartulina doblados por la mitad para confeccionar rótulos que queden derechos (véase ilustración). Dibuje un ancla u otro objeto pesado en uno y unas alas en el otro. Un montón de palabras sueltas recortadas de periódicos o revistas, o lápices y trocitos de papel, o ambas cosas.

Ejercicio

«Los palos y las piedras pueden romperme los huesos, pero las palabras no pueden hacerme daño». Pregunte a los niños si están de acuerdo con este viejo refrán. Pídales que expliquen con ejemplos por qué sí o por qué no. La mayoría de la gente opina que las palabras pueden animar o abatir a una persona. Lo mismo ocurre con nuestros pensamientos, porque las palabras no son sino una expresión de los pensamientos.

Entre todos, piensen en términos que se utilizan habitualmente para alentar o desanimar a los demás.

Anótelos en trozos de papel y colóquelos al lado del rótulo correspondiente. A continuación, examine el montón de palabras que ha recortado y colóquelas también junto al rótulo apropiado.

«Las palabras que son como una carga o un ancla nos hacen sentir aletargados, desanimados, limitados, necesitados o temerosos. Me refiero no sólo a las humillaciones, sino también a las malas noticias, las críticas, las indagaciones y cualquier cosa que produzca el espejismo de la separación entre las personas. Dichas palabras son una forma de desconexión porque no tienen en cuenta que el otro también es hijo del Creador.»

«Las palabras que nos ayudan a sentimos ligeros son palabras sinceras que nos alientan, que nos hacen sentir capaces, adorables y positivos. Tales términos hacen que nos sintamos satisfechos de nosotros mismos, de los demás y del mundo en general. Las palabras que nos hacen sentir bien aportan claridad a nuestra mente y a nuestro corazón, mientras que los vocablos que nos hacen sentir mal les proporcionan oscuridad». Proponga a los niños que observen concienzudamente las reacciones de los demás para aprender cómo responden los otros a sus palabras.

Este ejercicio se centra en el efecto que una palabra o un pensamiento ejerce en los demás. Asegúrese de que los niños comprenden que sus palabras pueden asimismo afectarles profundamente a ellos mismos. Si tienen pensamientos pesimistas y tristes, son severos consigo mismos o hablan de carencias o limitaciones, están aportando oscuridad a su mente, en lugar de claridad. La autocrítica puede hacemos más daño que las críticas de los demás, porque si proviene de fuera siempre tenemos la opción de rechazarla, pero cuando viene de dentro cuesta mucho rehusarse. Termine haciendo que los participantes hablen los unos con los otros empleando únicamente palabras con alas, términos edificantes.

Afirmación

Mis palabras tienen alas, y son edificantes para mí y para los demás.

27. El poder formativo de la imaginación

Materiales

Unas tijeras y una hoja de papel para cada niño y persona adulta.

Ejercicio

El papel representa la energía o sustancia de la que está compuesto el universo. Las tijeras simbolizan nuestra imaginación. «Algunas personas dicen que las fantasías son las tijeras de la mente. Con estas tijeras, como con nuestra imaginación, podemos seleccionar cualquier cosa que nos gustaría experimentar en la vida». Pídales que piensen en ejemplos específicos de aquello que les gustaría y dígales que recorten figuras simbólicas de papel.

Empiece exponiendo sus propios ejemplos concretos: un viaje, un trabajo o talento determinados, una casa nueva, etcétera.

Coja su hoja de papel, recorte símbolos que representen dichos ejemplos y clasifíquelos.

«La imaginación es una de las mayores facultades que poseemos y debe utilizarse con mucha precaución. Cualquier cosa que imaginemos intensamente con fe y de forma reiterada puede pasar a formar parte de nuestra vida, así que tenemos que imaginar tan sólo las cosas que queremos experimentar». A continuación, ponga ejemplos acerca del uso de la imaginación que estén relacionados con el mundo de los niños: ganar un premio, trabar amistad con alguien, estar enfermo, suspender un examen, perder alguna cosa, caerse mientras patinan, etcétera. Explíqueles que el «músculo» de la imaginación debe ejercitarse igual que cualquier otro músculo porque de lo contrario se deteriora.

Recuérdeles que pueden escoger entre utilizar la imaginación de forma constructiva o de forma destructiva. Si disponen de tiempo suficiente, incluya algunos ejercicios destinados a fomentar los pensamientos creativos para desarrollar todavía más su imaginación. Mi libro *The Joyful Child: A Sourcebook of Activities and Ideas for Releasing Children's Natural Joy* (Harbinger, 1996) ofrece una gran variedad de ellos. Empiece con preguntas inventadas del tipo «y si» e «imagínate que».

Concluya con un ejercicio de visualizar imágenes en el que los niños cierran los ojos y utilizan la imaginación para construir algo bueno que desean incorporar a su vida. A continuación encontrará algunas sugerencias:

- Imagine de principio a fin cómo sería un día perfecto.
- Imagine dónde preferiría ir si pudiese hacer un viaje.
- Imagine que saca mejores notas o que mejora en la práctica de algún deporte.

Afirmación

*Utilizo mi imaginación de forma creativa
y acertada.*

28. El puente invisible

Materiales

Una regla de 30 cm y una caja pequeña de cartón, por ejemplo una caja de zapatos, que mida menos de 30 cm de largo. La caja puede estar vacía o llena de piedras y otras cosas parecidas, que representen los obstáculos o incógnitas de la vida.

Ejercicio

Explíqueles que existe un puente invisible que conduce a las «cosas buenas» que deseamos. Dicho puente está compuesto de Amor, Alegría y Gratitud. Anote cada una de estas palabras en un trozo pequeño de papel y pida a los niños que peguen los papeles con cinta adhesiva a la regla, convirtiéndola en un puente de Amor, Alegría y Gratitud. Esta regla será el puente para cruzar la caja hacia las «cosas buenas» que los niños deseen. Déles algo de tiempo para que piensen en silencio qué es lo que más desean. Si quieren pueden expresarlo en voz alta ellos, pero si desean mantenerlo en secreto debe respetar su intimidad y sus sentimientos. Explíqueles que ese puente se halla en nuestro corazón. Esta compuesto de tres sentimientos: primero, el Amor por el objeto o experiencia; segundo, la Alegría que saben que van a experimentar; y tercero, la Gratitud de su corazón. Uno a uno, nombre los tres sentimientos y dé a los niños tiempo para experimentar el Amor, la Alegría y la Gratitud.

Afirmación

El Amor, la Alegría y la Gratitud me conducen a lo Bueno.

29. La creación deliberada

Este ejercicio consta de dos partes. Puede abordarse de dos modos distintos, dependiendo de la edad y el nivel de entendimiento de los niños.

Materiales

Primera parte: Dos hebras de hilo o cuerda de distinto color para cada niño. Asegúrelas o átelas a algo para poderlas entrelazar.

   Segunda parte: Tres hebras de hilo (de tres colores) bien sujetas de modo que puedan trenzarse.

Ejercicio

Primera parte: Este ejercicio sirve para recordarnos de forma rápida que nuestra cabeza y nuestro corazón deben estar de acuerdo para engendrar en nuestra vida todo aquello que queremos. Dé a cada niño dos hebras de hilo o cuerda de distinto color. Identifique una de ellas como pensamiento y la otra como sentimiento. Explique detenidamente que la suma de un sentimiento y un pensamiento produce la emoción. Éste es el sentimiento que proporciona la energía necesaria para hacer progresar el pensamiento hasta convertirlo en una cosa o en una experiencia.

Diga a los niños que piensen en algo que deseen, como por ejemplo perfeccionar alguna habilidad o vivir una experiencia divertida. Escoja una hebra para representar este pensamiento, y proponga que la segunda hebra sea el sentimiento, la pasión por dicha idea. Diga a los niños que entrelacen ambas hebras para simbolizar que los deseos de su mente y de su corazón deben estar completamente integrados para obtener los resultados deseados. Dicha emoción es la clave de la cocreación.

Segunda parte: Este ejercicio ofrece una imagen más completa de la creación deliberada porque introduce una tercera hebra de hilo que simboliza el convencimiento o la expectativa. Podemos desear algo ardientemente, pero a menos que creamos que es posible, no se hará realidad. En cualquier acto de creación existe siempre cierto equilibrio entre el convencimiento y el deseo.

Puede ser una buena ocasión para que el niño aprenda a trenzar mientras repite un pensamiento, un sentimiento y una convicción específicos para cada hebra, como: «Quiero aprender a nadar» (pensamiento), «Después de todo, si la mayoría de los niños nadan no existe ninguna razón por la que yo no pueda hacerlo» (convicción), y «Creo que es posible que yo sea un buen nadador» (sentimiento).

Si lo desea, puede ampliar este ejercicio y explicarles que la verdadera felicidad resulta de la sincronización entre nuestro yo interior y nuestro yo exterior, entre nuestra personalidad y nuestra alma, entre nuestra mente y nuestro corazón.

Afirmación

Puedo aportar cosas buenas a mi vida entrelazando mis pensamientos, mis sentimientos y mis convicciones.

30. Para crecer es necesario cambiar

Este ejercicio resulta especialmente útil cuando un niño tiene que afrontar un cambio o un riesgo, como por ejemplo entrar a formar parte de los *boy scouts* o de un equipo de fútbol, ir de campamento, pasar la noche en casa de un amigo por primera vez o cambiar de colegio.

Materiales

Una planta de interior que tenga las raíces demasiado largas y deba trasplantarse. Si esto no fuera posible, utilice un tiesto pequeño de barro o una macetita de cartón para trasplantar, una madeja enredada de cuerda metida de cualquier modo en el tiesto y una flor de plástico que encajaremos en la masa de cuerda.

Ejercicio

Si no utiliza una planta de interior, explique que la masa de cuerda representa las raíces de la flor. «Las raíces necesitan mucha tierra para crecer, pero éstas han crecido tanto que apenas queda sitio para la tierra. Tenemos que sacar la planta de este tiesto .Y ponerla en otro más grande, porque de lo contrario tendrá siempre un tamaño reducido».

Explíqueles que las personas son como la planta y que nosotros, algunas veces, también necesitamos más espacio para crecer. Compare el tiesto con lo que los niños pensaban de sí mismos en otro tiempo.

La maceta vieja, o las viejas opiniones, pueden resultar tan confortables que en ciertas ocasiones tenemos que obligamos a salir de nuestra «Zona cómoda». De lo contrario, nuestro crecimiento se estancaría, al igual que el de la planta cuando se encuentra en un receptáculo que es demasiado pequeño para ella. Anteriormente, el tiesto viejo satisfacía las necesidades de la planta y era bueno para ella. Pero ahora que la planta ha crecido, es necesario hacer algún cambio para que pueda seguir desarrollándose.

Comente a los niños que, para crecer y dar de sí todo aquello que pueden dar de sí, deben cambiar sus viejas ideas acerca de sí mismos. Ayúdeles a ver el cambio como un medio de «llegar a ser», y emplee ejemplos como el de la bellota que se desprende para que crezca un nuevo árbol, o el del gusano que se convierte en mariposa.

Afirmación

Yo acepto los cambios que se producen en mi vida porque me ayudan a crecer.

31. No existe separación

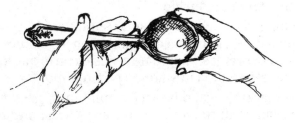

Materiales

Una cucharilla de plata o de acero inoxidable.

Ejercicio

Compare la cucharilla con las personas y el metal utilizado para confeccionar la cuchara con el Espíritu.

«Si pudiésemos extraer todo el metal de la cuchara, dejaríamos de tener una cuchara. No existe ningún método que nos permita separar el metal de la cucharilla y seguir teniendo una cucharilla.»

«Pongamos por caso que esta cuchara es como vosotros y el metal que hay en ella como el Espíritu. No podéis separaros de ningún modo del Espíritu, porque el Espíritu forma parte de vosotros del mismo modo que el metal forma parte de la cuchara. El Espíritu es una energía de amor especial que está presente en todo el mundo y en todas partes. No hay nada que exista separadamente del Espíritu.»

Explique lo siguiente de modo que los niños puedan comprenderlo: «Los atributos del Espíritu –el amor, la paz, el orden, la sabiduría, el entendimiento, y todo lo demás– se encuentran en el interior de todos nosotros. Podemos invocar estas facultades y activarlas en nuestra vida. Si bien todos nosotros poseemos estas cualidades, para poder disfrutar de ellas primero debemos ratificarlas e invocarlas». Utilice un caso concreto que responda a las necesidades de los niños. Por ejemplo, si éstos necesitan más orden en su vida, recuérdeles que hay orden en ellos porque éste es uno de los atributos del Espíritu y el Espíritu se encuentra en ellos. Para tenerlo bien presente, los niños pueden decir: «Yo formo un todo con el orden divino».

Propóngales un sencillo juego mental: cada vez que vean una cucharilla tienen que pensar que el Espíritu es parte integrante de sí mismos, del mismo modo que el metal es parte integrante de la cuchara.

Afirmación

Yo formo un todo con el Espíritu, o Dios.

32. Nuestra conexión con el Creador y con los demás

Materiales

Un cortador de manzanas. Si no dispone de este utensilio, puede emplear una fotografía o un dibujo en el que aparezca una rueda de bicicleta (no hace falta ninguna manzana).

Ejercicio

La estructura de la rueda, tal y como ejemplifica el cortador de manzanas, muestra gráficamente nuestra conexión con los demás y con el Creador.

«El eje de la rueda (o el centro del cortador de manzanas) representa al Creador. Nosotros somos los radios. Cuanto más nos acercamos al Creador, más nos acercamos los unos a los otros. Y viceversa, porque cuanto más cerca estamos los unos de los otros, más cerca estamos de Dios.»

«Cuando nos sentimos realmente bien con alguien, somos amables, generosos y considerados. Estamos expresando cualidades espirituales. Cuando estamos enfadados con alguien y lo detestamos, nos alejamos más del conocimiento del Creador. Podemos observar que cuanto más lejos estamos los unos de los otros, más lejos estamos de mostrar los atributos bondadosos del Creador.»

Pregunte a los niños qué tipo de cosas hacen que las personas se alejen las unas de las otras, como por ejemplo los reproches, los insultos y los engaños. «Por eso el perdón es tan importante cuando se trata de sanar nuestras relaciones. Dichos sentimientos nos separan de los demás y, por consiguiente, del Creador, que es amor absoluto e incondicional. De hecho, muchas personas creen que el único problema existente es la separación».

«Cuanto más nos esforzamos en expresar todas las cualidades que son espirituales, tales como la paz, el amor, la armonía y el orden, más cerca nos sentimos de los demás. Las otras personas percibirán dichas cualidades y desearán estar más cerca de nosotros. No acercaremos los unos a los otros para completar el conocimiento espiritual». Anímeles a discutir sobre *cómo* podemos expresar nuestras cualidades espirituales en nuestra vida diaria. Empiece con un ejemplo que conozca por propia experiencia.

Afirmación

Cuanto más cerca estoy de la gente, más cerca me siento del Espíritu que hay en mí.

33. Sin amor no podemos transmitir amor

Materiales

Un aspirador nasal o una jeringa usada, un cuenco lleno de agua y otro vacío. Opcional: una gota de colorante alimentario rojo para conferir al agua el color rosa del amor.

Ejercicio

«El aspirador nos representa a nosotros: nuestro corazón y nuestra mente. El agua simboliza el amor puro, que es la aceptación incondicional y la ausencia de toda emoción negativa. Para sentirnos llenos de amor puro, primero debemos deshacernos de cualquier sentimiento o emoción que nos impida recibir amor. No podemos aceptar plenamente el amor si sentimos que no nos lo merecemos o que somos indignos de él. Algunas de las emociones que nos hacen sentir indignos son el sentimiento de culpa, la ira, la envidia y el resentimiento. Dichos sentimientos pueden ocuparnos completamente y no hay sitio para el amor puro.»

Hábleles de este tipo de emociones y del concepto de baja autoestima de modo que los niños puedan comprenderlo. Ellos saben qué cosas causan que no se sientan merecedores de un amor pleno. «Todas estas emociones se encuentran en la parte superior del aspirador, así que debemos vaciarlo para que el agua, o el amor puro, pueda entrar». Hable con ellos acerca de cómo pueden cambiar sentimientos como la indignidad, la irritación, el egoísmo y otras emociones impropias del amor. Haga que los niños extingan simbólicamente la negatividad apretando la parte superior del aspirador. Deje que todos lo prueben. A continuación, introdúzcalo en el cuenco de agua (amor puro). Muéstreles que cuando dejan ir la pera que hay en la parte superior, el aspirador se llena de amor (de agua). Deje experimentar a los niños para que comprendan que si no se elimina la negatividad, no queda sitio para el amor.

Si los niños tienen edad suficiente, vaya un poco más lejos y enséñeles que tan sólo podemos amar a los demás si nos amamos a nosotros mismos. Es el amor por uno mismo lo que nos lleva a eliminar la negatividad. El cuenco vacío simboliza a todos los demás. Pídales que compartan el amor que hay en el aspirador con los demás vaciándolo en dicho cuenco. La cantidad que tengan para compartir dependerá de lo llenos de amor que ellos (el aspirador) estén.

Las afirmaciones constituyen un método muy eficaz para reemplazar los pensamientos negativos por otros de positivos y para fomentar la autoestima. Ayude a los niños a crear algunas que se ajusten a sus necesidades.

Afirmación

Estoy lleno de amor por mí y por los demás.

34. Esté atento a los consejos

Materiales

Un cuenco grande lleno de agua y una cuchara de madera (o una cuchara grande cualquiera). Opcional: Una fotografía en la que se vea un paisaje reflejado en el agua. O, si fuera posible, lleve a los niños a ver un lago o una charca.

Ejercicio

Empiece discutiendo con los niños por qué al mirar un estanque de aguas tranquilas vemos el reflejo de un árbol que crece en la orilla, y sin embargo dicha imagen desaparece cuando las aguas están encrespadas o agitadas. Incite a los niños a recordar dicha escena durante el ejercicio.

Simule que el cuenco es el estanque y la cuchara (en posición vertical) el árbol. Mientras agita el agua con los dedos, explíqueles que si hiciera viento o si hubiera niños chapoteando en ella, no podríamos ver el reflejo del árbol. Expóngales lo siguiente con palabras que puedan entender: «Cada uno de nosotros tiene un agente guía en su interior. Algunos lo llaman el Maestro Interior. Éste trata de hablar con nosotros y damos consejos, pero tan sólo podemos oírlo si nuestra mente está sosegada y tranquila como un estanque de aguas inmóviles. La belleza del árbol no es visible en aguas encrespadas, y una mente agitada no oye a su guía. Una mente excesivamente ocupada tan sólo ve problemas; pero si conseguimos sosegarla, solemos encontrar la respuesta a todas nuestras preocupaciones. Una mente tranquila puede ver más allá de la confusión y hallar la solución».

Proponga a los niños que practiquen con frecuencia ejercicios para sosegar la mente y poder oír la voz humilde y tranquila del Espíritu. Puede enseñarles técnicas de meditación tales como retener en la mente palabras como *paz* o *amor,* mirar fijamente un objeto, o emitir un sonido intenso ininterrumpidamente. Existen muchísimas más.

Como ocurre con muchos de estos ejercicios, los juegos de imitación pueden servir para realizar sus enseñanzas. Uno de los niños puede susurrar un mensaje como «llama a casa inmediatamente», mientras otro que está muy ocupado con sus pensamientos ruidosos (agitando el agua) no consigue oírlo.

Afirmación

Yo sosiego mi mente y estoy atento a los consejos de mi voz interior.

35. Equilibre su vida

Materiales

Un tarro de cristal (con o sin tapa) para el adulto y otro para cada niño si estos no son más de tres o cuatro. Una caja o un recipiente lleno de piedras pequeñas, medianas y grandes. Si participan más de tres niños en el ejercicio, puede hacer la demostración sólo con su tarro.

Ejercicio

El tarro represente un día, el tiempo de que disponemos a lo largo de un día. (Si lo desea puede adaptarlo para que represente una semana). Las piedras son las actividades que deseamos realizar durante el día. Las piedras más grandes representan las actividades más importantes y de mayor duración, tales como ir al colegio.

Pídales a los niños que nombren algunas de las actividades más importantes que realizan durante el día. Empiece poniendo usted algún ejemplo y asignando cada ejemplo a una de las piedras (por ejemplo, ir a trabajar, hacer la compra, cocinar, hacer la colada, lavar los platos, contestar llamadas telefónicas, etcétera).

Luego trate de meter todas esas piedras en el tarro. «Vaya; no caben todas». ¿Qué conclusión podemos sacar de ello? ¿Qué podemos hacer para que nos dé tiempo a realizar todas las actividades que queremos realizar ese día? Parece que deberemos priorizar y primero meter sólo lo que consideremos más importante.

«¿Estáis de acuerdo en que primero debemos meter lo más importante?, (espere la respuesta). Así pues primero metemos el trabajo: en mi caso la oficina y en el vuestro la escuela. Dado que dicha actividad ocupa la mayor parte del tiempo debemos usar la piedra más grande. ¿A qué otras cosas dedicamos el tiempo?», (espere a que le respondan. Puede sugerir algunas cosas como desplazarse con algún medio de transporte, preparar la comida, comer, lavar los platos y limpiar la casa).

«El tarro ya está prácticamente lleno de modo que cuando planeemos las actividades para el día deberemos tener cuidado; de lo contrario es posible que no tengamos tiempo para aquello que más nos importa.»

Algunos ejercicios, como éste, deberían realizarse con bastante frecuencia.

Afirmación

En la intimidad, escucho al Dios que hay en mí para saber qué es lo más importante cada día.

36. Los pensamientos están presentes

Materiales

Una cajita envuelta como si fuera un regalo y varios trocitos de papel.

Ejercicio

Explíqueles que la cajita en realidad no contiene ningún regalo sino que simboliza los muchos presentes que recibimos cada día.

«¿Un regalo, tiene que ir necesariamente dentro de una caja y llevar una cinta con un lazo alrededor? ¿Tiene que ser algo comprado? ¿Qué tipo de regalos que no son comprados ni van envueltos os gusta recibir?». Sugiera ideas como una sonrisa cálida, un favor especial, ayuda cuando estamos bloqueados o en un apuro, un abrazo o una palmadita en la espalda, una invitación, elogios o agradecimientos, que alguien nos prometa llevamos a algún sitio especial, alguien que nos escuche cuando tenemos un problema, y oraciones o pensamientos cariñosos que alguien nos dedica.

«¿Os dais cuenta de que cada día recibís más regalos de los que os pensáis? ¿Cuántos creéis que recibís al día? Pues bien, voy a deciros algo que os sorprenderá enormemente. En realidad, cada día recibís miles y miles de presentes. Tal vez creáis que no sabéis nada de dichos regalos, pero una parte de vuestra mente sí lo sabe. ¿Cómo es posible?»

«Existe tan sólo una Mente a la que recurren todas las personas, y todos formamos parte de ella. Ésa es la razón por la que decimos que todos somos hermanos y hermanas. Puesto que solamente existe una mente, la mente del Espíritu, en cierto grado nosotros estamos realmente conectados con todos los demás seres humanos del planeta. Cada día miles de personas se hacen presentes las unas a las otras, y dichos presentes ensalzan a todo el mundo. Cuantos más pensamientos y actos dichosos y alegres haya en el mundo, más felices nos sentiremos a causa de nuestra conexión con los demás.»

Explíqueles más cosas acerca de la unidad de toda la humanidad con palabras que los niños puedan comprender. Si dispone de tiempo suficiente, incluya una meditación en la que visualicen a todas las personas del mundo dándose gozosamente distintos tipos de regalos.

Si lo desea, puede ampliar la actividad diciéndoles lo siguiente: «Vosotros por vuestra parte, cuando ofrecéis vuestra amistad o ayudáis a los demás, o cuando tenéis pensamientos positivos, hacéis presentes a vuestros hermanos y hermanas de todo el mundo. Cada vez que hacéis cualquier clase de regalo, estáis bendiciendo a muchos otros». Diga a los niños que anoten «pensamientos de regalo» que les gustaría transmitir en los trozos de papel. Métalos en la caja. Pueden volver a leerlos o añadir otros distintos en caso de especial necesidad.

Afirmación

Hoy estoy contento a causa de los muchos presentes que hago y recibo.

37. Nuestros icebergs

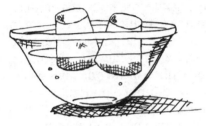

Materiales

Vasos pequeños de plástico (para confeccionar icebergs en miniatura), un recipiente de cristal transparente ancho y hondo, lleno de agua. Opcional: puede añadir colorante alimenticio azul al agua, para que resulte más opaca.

Ejercicio

Antes de iniciar el ejercicio, confeccione dos o tres icebergs en miniatura; llene los vasitos de plástico con agua y métalos en el congelador para que el agua se congele. Luego ponga los vasos boca abajo bajo un chorro de agua caliente hasta que el hielo se desprenda de los vasos o pueda retirar el vaso con facilidad. Meta los bloques de hielo en el recipiente lleno de agua fría. Observe que la mayor parte del hielo se sumerge en el agua y no resulta demasiado visible. Explique a los niños que ese es el motivo por el que a veces los barcos chocan con los icebergs y se averían.

Lo mismo ocurre con las personas: hay una parte de nosotros que los otros no pueden ver. Nuestros icebergs son las emociones ocultas que tanto nosotros como los demás olvidamos hasta que tropezamos con ellas. Es muy posible que nuestros padres, compañeros de clase, vecinos e incluso nuestros amigos íntimos no sean capaces de ver la parte sumergida de nuestras emociones. Olvidamos incluso que tenemos emociones y miedos ocultos hasta que alguien se tropieza con ellos. Y nosotros tampoco podemos ver las partes invisibles de nuestros amigos, vecinos o compañeros de clase. Esa es la razón por la que no tenemos derecho a criticarles. Los indígenas americanos tiene un dicho: «No puedes juzgar a alguien sin ponerte antes en su pellejo». No sabemos los problemas personales con los que se enfrentan los demás.

Además, nuestras emociones negativas, tales como el odio, la ira y el miedo, pueden resultar tan peligrosas para las personas como un iceberg en pleno océano lo es para un barco. Pueden destruir el amor propio de la persona y herir a los demás.

Afirmación

No juzgaré a los demás sin antes ponerme en su pellejo.

38. La muerte y el cuerpo

Materiales

Un ventilador eléctrico (modelo de mesa), una cebolla, una mazorca de maíz y un guante.

Ejercicio

Algunos niños se sienten confusos ante la muerte, aunque sepan de forma innata que la persona que muere no está realmente muerta sino que de hecho está mucho más viva en otra dimensión. Muchos niños pequeños son capaces de imaginar esa dimensión, pero para aquellos que no puedan, es posible emplear algunas analogías visuales muy útiles.

La pérdida del cuerpo físico puede compararse a la eliminación de la piel exterior de una cebolla o de la espata de una mazorca de maíz. Anime a los niños a despinochar el maíz o a quitar algunas capas de la cebolla mientras les comenta que el interior de la cebolla o del maíz puede compararse con nuestro cuerpo espiritual. «Cuando miramos con ojos espirituales, lo que vemos nos parece tan real como nuestro cuerpo físico». Para que entiendan mejor por qué no podemos ver el cuerpo espiritual, muéstreles el ventilador. Explíqueles que cuando está apagado o se mueve despacio es posible ver las palas, pero que cuando está al máximo, éstas no resultan visibles. Compárelo con la vibración más elevada de las dimensiones invisibles.

Otro modo de demostrar la relación existente entre el cuerpo físico y el cuerpo espiritual consiste en ponerse un guante en una mano y después desprenderse de él simbolizando la muerte del cuerpo. Explíqueles que estamos revestidos de materia física al igual que la mano, que está cubierta por el guante. Puede preparar una parodia con marionetas en la que la mano deja caer el cuerpo (la marioneta), pero sigue estando viva y prosigue la conversación.

Afirmación

Yo soy mucho más que este cuerpo.

PLENA FLORACIÓN

Para alumnos experimentados

39. Nuestros pensamientos son los únicos causantes de nuestros males

Materiales

Tres cajas pequeñas que sean más o menos del mismo tamaño, lápices y varios trocitos de papel para cada niño. Coja la primera caja y pegue un trozo de papel que diga *Experiencia* en uno de los lados; coja la segunda y ponga la palabra *Tristeza* en uno de los lados y la palabra *Felicidad* en el lado contrario; y adhiera la expresión *Nuestros pensamientos* en la tercera caja. Coloque las cajas tal y como muestra la ilustración.

Ejercicio

Empiece diciendo a los niños que traten de recordar sentimientos desdichados que hayan experimentado recientemente, por ejemplo ira, tristeza, envidia o resentimiento. Si tienen edad suficiente, pídales que escriban la palabra que mejor exprese dicho sentimiento en uno de los trozos de papel y lo metan en la caja marcada con el término *Tristeza.* A continuación, dígales que anoten en otro trozo de papel la experiencia o circunstancia que según ellos hizo que se sintieran mal. Ayúdeles a utilizar enunciados breves, como: «invitaron a un amigo mío y a mí no», «me caí de la bici», «papá no me deja ver mi programa favorito», «perdí a mi gato» o «mi hermana llenó de garabatos mis deberes». Introdúzcalos en la caja marcada con la palabra *Experiencia.*

Señale que entre las dos cajas hay una tercera denominada *Nuestros pensamientos.* Si los niños tiene conocimientos suficientes, pregúnteles qué creen que debe mediar siempre entre una experiencia y la desdicha.

Explique con sus propias palabras que las experiencias no engendran nunca la tristeza. «La infelicidad resulta de nuestros pensamientos acerca de dichas experiencias. Otra persona puede vivir la misma experiencia y no sentir ni dolor, ni ira ni tristeza. Podemos optar por sentimos mal o sentimos bien, depende de los pensamientos que decidamos tener. Así pues, con la ayuda de nuestro Maestro Interior, podemos aprender a escoger aquellos pensamientos que nos proporcionan felicidad. Dé la vuelta a la tercera caja dejando a la vista la palabra *Felicidad.* Si aprendemos a seleccionar los pensamientos podremos sentir aquello que realmente queramos, felicidad o desdicha. Nuestro Maestro Interior puede ayudamos si recurrimos a él sosegadamente y le preguntamos».

Es posible que algunos niños deseen compartir sus experiencias desagradables. Aprovéchelas para analizar conjuntamente si habrían sufrido menos si hubiesen pensado de manera distinta. Si no hay voluntarios, proponga ejemplos que puedan entender.

Recuérdeles que siempre hay alguien en algún lugar que no vería la experiencia o circunstancia como un motivo para sentirse desdichado. Nuestros pensamientos son los causantes de nuestra infelicidad. Muchas de las personas que han estado en campos de prisioneros de guerra y en otros sitios parecidos han tenido ocasión de comprobar este principio.

Una forma muy apropiada de terminar este ejercicio es mediante una meditación dirigida. Diga a los niños que pidan ayuda espiritual para examinar una experiencia o un problema concreto de un modo distinto. Concédales todo el tiempo que necesiten para escuchar.

Afirmación

Yo recurro a mi voz interior y busco el lado bueno de toda experiencia.

40. Mis pensamientos convergen con todos los demás

Materiales

Un colador, un cuenco grande, una cuchara y un poco de harina y de canela.

Ejercicio

El cuenco representa el mundo del pensamiento que nos rodea, la atmósfera formada por los pensamientos de todo el mundo; el colador simboliza la mente de cada persona, y la harina y la canela, nuestros pensamientos.

Pida a uno de los niños que diga un pensamiento alegre o positivo y que ponga una cucharada de harina (simbolizando dicho pensamiento) en el colador. Agite el colador (es posible que al niño le divierta hacerlo) y hágales observar que el pensamiento alegre abandona su mente y se extiende por el mundo del pensamiento, por la mente universal. Explíqueles que en la atmósfera del pensamiento convergen todas las mentes, así que no somos los únicos que experimentamos los efectos de nuestra actividad pensante. Todo el mundo se siente un poco más feliz gracias al pensamiento alegre que acaba de surgir.

«Veamos qué ocurriría si uno de vosotros tuviera un pensamiento triste o negativo en la mente». Anime a otro niño a compartir con los demás un pensamiento de este tipo mientras vierte una cucharada de canela en el colador y lo agita. «Observad que, al incorporar el pensamiento a la mente universal, éste impregna la atmósfera del pensamiento tan eficazmente como lo hiciera anteriormente el pensamiento alegre. ¿Creéis que alguien aceptaría voluntariamente ser un poco más infeliz a causa de dicho pensamiento?».

Si los niños tienen edad suficiente, coménteles que, puesto que todas las mentes están unidas, a veces sintonizamos con los pensamientos de los demás y los otros sintonizan con los nuestros. Probablemente podrán sugerir ejemplos de ocasiones en las que sabían lo que otro iba a decir o a hacer antes de que lo dijera o lo hiciera, o en las que otras personas acertaron lo que estaban pensando. Puede proseguir la conversación hablando de la «conciencia de masas» (conceptos aceptados por la mayor parte de la humanidad que limitan la comprensión espiritual) y de cómo ésta puede afectarnos aunque no seamos conscientes de ella. Pueden ir proponiendo ejemplos de pensamientos colectivos mientras añaden cucharadas de harina o canela al colador. La televisión, la radio y los periódicos suelen facilitar muchos ejemplos de pensamientos colectivos. A continuación incluyo algunos que han sido inmortalizados por la televisión:

- Las cosas materiales nos ayudan a ser felices.
- Las mujeres son incompetentes e inferiores al hombre. La violencia es algo normal. Beber es divertido.

- Los adultos son tontos.
- El dinero soluciona cualquier problema. Las autoridades son nuestros enemigos.
- La venganza es un placer.
- Trabajar es un rollo.

No olvide comentarles que nosotros podemos escoger nuestras experiencias. No tenemos por qué ser víctimas de los pensamientos colectivos. Por el mero hecho de que todo el mundo diga que hay una epidemia de gripe, eso no significa que tengamos que coger la gripe nosotros.

Afirmación

Mis pensamientos afectan el mundo entero.

41. Mi mundo refleja aquello que proyecto en él

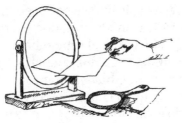

Materiales

Un espejo pequeño de tocador o un espejo de mano o bolso para cada niño (opcional), un rotulador, una taza, un trozo de papel de color oscuro y otro de color vivo para cada uno, una cucharilla u otro objeto de tamaño parecido y un clip sujetapapeles.

Ejercicio

Diga a los niños que jueguen con el espejo y observen cómo refleja cualquier objeto hacia el que lo orientan. Hágales ver lo precisa que es la imagen que éste proyecta. «Existe una ley espiritual, la ley del reflejo, que funciona del mismo modo y con la misma precisión que el espejo. El espejo simboliza nuestro mundo. El mundo capta y proyecta hacia nosotros nuestros estados de ánimo, que son nuestra disposición y nuestros pensamientos. Podríamos decir que vivimos en un mundo de espejos y que todo lo que vemos es a nosotros mismos. El nosotros que vemos a menudo es aquello en lo que centramos una gran cantidad de energía y juicio. y aquello en lo que nos centramos acaba formando parte de nuestra vida».

«El espejo de nuestro mundo se denomina "efecto" y nuestros estados de ánimo se conocen como la "causa de dicho efecto"». Con el rotulador, escriba la palabra *Efecto* en el espejo. Dirija el espejo hacia la cuchara de modo que los niños vean dos cucharas. «¿Qué cuchara es la verdadera, la que hay en la mesa o la del espejo? Del mismo modo que la cuchara del espejo es tan sólo un reflejo, todo en la vida no es más que un mero reflejo de lo que se pone delante de él: nuestra conciencia».

«Si nuestra mente está llena de amor, paz y plenitud, el espejo de la vida reflejará dichos conceptos en nuestro mundo. Si por el contrario nuestra mente está llena de miedo, dudas y cólera, éstas serán las ideas que el espejo de la vida proyectará en nuestro mundo. Es posible que aparezca en nuestra vida una persona enojada o una situación horrible. Si nos sentimos desgraciados, el espejo, la vida reflejará una serie de experiencias que contribuirán a hacer que nos sintamos todavía más desgraciados.»

«Nosotros podemos apartar siempre que queramos una imagen antigua y colocar otra distinta frente al espejo que nos haga más felices». Ponga el papel oscuro delante del espejo simbolizando un pensamiento negativo. A continuación, apártelo y sustitúyalo por el papel de color vivo que representa un pensamiento positivo nuevo. Pida a los niños que sugieran pensamientos o sentimientos que el papel vivo podría simbolizar.

Muéstreles qué sucede si tan sólo apartamos un poco los pensamientos tristes y dejamos a medio formar los nuevos pensamientos alegres. Refleje en el espejo la mitad del papel oscuro y la mitad del papel de tonalidad subida. Explíqueles que en ese caso nuestras experiencias vitales serán también una mezcla de cosas positivas y cosas negativas.

Otra idea que puede ilustrar con el espejo es que éste puede reflejar imágenes grandes con la misma facilidad que proyecta imágenes pequeñas. Coloque un objeto pequeño, como un clip sujetapapeles, delante del espejo y después un objeto mayor, como por ejemplo una taza. Aplíquelo a aquellos ámbitos en los que los niños necesiten ampliar sus pensamientos y dejar de autolimitarse. «El espejo, o nuestro mundo, puede reflejar grandes sueños y metas con la misma facilidad que refleja los más pequeños, porque se limita a reflejar nuestra conciencia. Si no pensamos en cosas importantes, no podemos esperar que nos sucedan cosas importantes». Anime a los niños a pensar en las cosas más trascendentes que se les ocurran y después a pensar en cosas todavía un poco más trascendentes.

Para concluir el ejercicio, hágales ver que tan sólo debemos dejar entrar en nuestra mente los pensamientos más positivos, agradables e ilimitados, porque esto es lo que *se* proyectará hacia nosotros. Las afirmaciones pueden ayudamos a conseguirlo.

Afirmación

Yo busco el lado bueno de todas las cosas y el lado mejor de todas las personas.

42. Nosotros absorbemos nuestro entorno

Este ejercicio puede dividirse en dos partes, y ambas partes pueden ampliarse.

Materiales

Primera parte: fotografías recortadas de revistas, calendarios, periódicos, etcétera, que muestren diversos conceptos tanto negativos como positivos, por ejemplo bellos paisajes, gente feliz, comida nutritiva, escenas de guerra, accidentes y personas tristes bebiendo y fumando.

Segunda parte: Dos platos hondos, uno lleno de agua de aspecto sucio y el otro de agua limpia y cristalina, y dos esponjas que quepan en los platos.

Ejercicio

Primera parte: Extienda las fotografías para que los niños puedan verlas sin dificultad. «Existe una ley de vida que dice que cuando observamos la imagen de una cosa, estamos en contacto con el espíritu de dicha cosa. Si contemplamos una imagen con frecuencia, absorbemos algunas de las cualidades que ésta contiene».

Muestre a los niños las fotografías positivas y beneficiosas de una en una, y pregúnteles cuáles de sus cualidades les gustaría absorber o experimentar. A continuación, enséñeles las fotografías negativas y comente con ellos las cualidades perjudiciales que éstas contienen.

Amplíe la conversación hablando de todas las imágenes que los niños ven con frecuencia: televisión, cine, imágenes de su casa y de la escuela, revistas, vallas publicitarias, anuncios en los autobuses, etcétera. Comente con los niños qué efecto podrían ejercer sobre ellos dichas imágenes si las vieran regularmente y absorbieran sus cualidades. Explíqueles que dichas imágenes forman parte de su entorno, de su espacio físico circundante.

Segunda parte: Señale los dos platos hondos llenos de agua y dígales que uno representa un entorno con influencias negativas, y el otro un entorno que es positivo y edificante. Ponga una esponja en cada plato. «La esponja es como una persona. Observad cómo absorbe su entorno. Nosotros solemos absorber muchas de las cosas que suceden a nuestro alrededor, razón por la que aquellos que se preocupan por nosotros no quieren vemos en ciertos sitios, con ciertas personas o viendo ciertos programas o películas en la televisión».

«Una esponja totalmente impregnada de agua sucia, o influencias negativas, no dispone de espacio para el agua pura y limpia, o las influencias positivas. Tenemos que eliminar parte del agua sucia para que quepa el agua cristalina» (demuéstrelo). Lo mismo ocurre con nosotros.

«Por ejemplo, si tenemos amigos que nos incitan a hacer cosas que sabemos que no están bien, es posible que tengamos que excluirlos de nuestra vida y así hacer sitio para otras amistades más beneficiosas. O si nos pasamos el día entero viendo programas de televisión que no contienen las cualidades que deseamos que nuestra vida posea, debemos suprimirlos y de este modo disponer de más tiempo para empapamos de las cualidades o ideas que sí deseamos». Ponga ejemplos con los que los niños puedan identificarse y enfatice estos dos aspectos: nosotros solemos absorber las cualidades que predominan en nuestro entorno, y a menudo es necesario eliminar lo negativo para dejar sitio a lo positivo.

Después puede proponer una meditación dirigida en la que los niños decidan qué cosas deberían añadir o suprimir en su entorno.

Afirmación

Yo me libero de aquello que no me hace ningún bien y opto por un entorno positivo y edificante.

43. Dedique tiempo a relajarse

Materiales

Una goma elástica de tamaño mediano, una goma elástica de color para cada niño, una caja o un libro alrededor del cual la goma elástica no quede muy tirante, y una bolita de papel.

Ejercicio

Tire de la goma para mostrar lo elástica que es y a continuación colóquela alrededor de la caja o del libro. ¿Qué ocurrirá si estiramos la goma elástica durante mucho rato? Si mantenemos la cinta elástica tirante, si la estiramos todo el rato, se deteriorará muy rápidamente y acabará rompiéndose. Si queremos que dure mucho tiempo, debemos dejar que vuelva a su estado natural (quite la goma de la caja).

«Las personas se parecen mucho a una goma elástica. También necesitan relajarse porque de lo contrario no funcionan todo lo bien que deberían funcionar. Hay quien dice que cuando las cosas se complican, hay que renunciar a algo. Cuando alguien se encuentra bajo mucha tensión o mucha presión, la salud y las relaciones personales suelen ser los dos campos más afectados». Es posible que pueda aportar otros ejemplos, tales como los deberes escolares o las clases de piano.

Alguien dijo en una ocasión que la verdadera madurez no consiste tanto en crecer físicamente como en crecer por dentro. Explique a los niños que poseen un Maestro Interior que puede ayudarles a superar los retos si cada día dedican cierto tiempo a relajarse y a escuchar dentro suyo.

Demuestre con la bolita de papel que cuanto más hacia atrás tiremos de la goma elástica, más lejos irá a parar lo que lancemos. Recuérdeles que cuanto más nos adentramos en nuestro mundo interior, más eficaces somos en el mundo exterior. En el silencio retrocedemos hasta el conocimiento de nuestra verdadera identidad. Las grandes obras requieren pasar mucho tiempo en silencio. Gandhi permanecía «sentado en silencio» un día entero cada semana.

Comente con los niños cuál creen que es el mejor momento del día para estar solos, relajarse con los ojos cerrados y escuchar su voz interior. Por regla general, deben dedicarle un total de un minuto por cada año que tengan.

Dé a cada niño una goma elástica de color para que se acuerden de permanecer sentados y en silencio durante un rato cada día.

Este ejercicio puede resultar particularmente provechoso para niños hiperactivos. Asimismo, puede contribuir a que los niños entiendan mejor por qué los adultos necesitan disponer de un rato de tranquilidad para sí mismos.

Si lo desea, puede prolongar un par de minutos más la actividad y practicar un ejercicio de relajación con los niños. El más sencillo consiste en hacer que cierren los ojos, respiren profundamente tres o cuatro veces y piensen en alguna experiencia positiva. Otra técnica sencilla pero eficaz consiste en decirles que adopten una posición muy relajada, cierren los ojos y se concentren en su respiración mientras respiran por la nariz. Existen muchas publicaciones con ejercicios de concentración y meditación para niños. Mi libro *The Joyful Child* tiene un capítulo dedicado a dichos ejercicios.

Afirmación

Cada día dedico cierto tiempo a relajarme y a escuchar mi voz interior.

44. Seleccione sus pensamientos

Materiales

Diversos artículos de cocina típicos entre los que pueda elegir. A continuación tiene algunos ejemplos:

- Dos sobres de sopa o dos latas de sopa.
- Dos cazuelas de distinto tamaño y un paquete de arroz.
- Polvos para preparar un flan y polvos para preparar un postre con gelatina.
- Dos folletos de supermercado.
- Dos o tres recetas parecidas.

Ejercicio

«Estos artículos representan algunas de las decisiones que continuamente tomo en la cocina: cuál es la mejor receta, qué sopa preparo para cenar, qué tamaño de cacerola debo utilizar para que quepa todo el paquete de arroz, qué marca o tipo de producto del supermercado es una ganga, etcétera». Demuestre a los niños cómo elegir correctamente, por ejemplo comprobando en qué cazuela cabe todo el arroz.

«Nosotros nos pasamos el día escogiendo, aunque no seamos conscientes de ello. Elegimos pensamientos y sentimientos constantemente. Extendemos la mano con pensamientos amorosos o nos retiramos con miedo, porque el amor y el miedo son las dos emociones fundamentales de las que proceden todas las demás. Una nos proporciona dicha, la otra sufrimiento. A lo largo de todo el día tenemos la oportunidad de escoger pensamientos que nos hacen daño o que nos benefician. y cuando nos sintamos enfadados, heridos, celosos, irritados o autocompasivos, debemos recordar que bajo dichos sentimientos lo que en realidad sentimos es *miedo*.»

«La ley de la atracción afirma que atraemos aquello en lo que pensamos, así que debemos asegurarnos de que escogemos pensamientos impregnados de amor, y no impregnados de miedo. Los pensamientos amorosos son curativos y beneficiosos, e indudablemente nos proporcionan una mayor dicha.»

Si los niños tienen edad suficiente, enséñeles que el miedo puede ser consecuencia de creer erróneamente en alguna fuerza distinta a Dios. Puesto que existe tan sólo una fuerza, Dios, no hay nada que temer.

A lo largo del día, nosotros los adultos debemos preguntarnos constantemente si estamos actuando por amor o por miedo. Recuerde que uno enseña aquello que es, o cómo dice un antiguo proverbio: «Se aprende más aquello que se percibe que aquello que nos enseñan».

Peggy J. Jenkins

Afirmación

*Me desprendo del miedo y elijo únicamente
pensamientos amorosos.*

45. La importancia de «nuestro propio clima»

Materiales

Dos macetas en las que se hayan plantado «dondiegos de día» y una caja grande.

Busque un lugar oscuro, como la caja o un armario, y un lugar soleado, como una ventana o un rincón iluminado con una lámpara.

Ejercicio

Deje las dos plantas en el lugar oscuro durante treinta minutos. «Observad que las flores están cerradas». Luego coloque las plantas bajo la lámpara o en el alféizar de la ventana soleada durante otros treinta minutos.

«Observad cómo se abren las flores. Cuando estamos estresados, aislados del mundo exterior y sin conocimientos, nuestra vida se encoge. Cuando nos mostramos abiertos, tenemos conocimientos y buscamos lo mejor, crecemos física, emocional y espiritualmente.»

Afirmación

Mi espíritu se abre a la luz del Creador, del mismo modo que las flores se abren al sol.

46. Las cosas se forman según nuestros pensamientos

Materiales

Yo le recomiendo la «arcilla» de panadería (encontrará la receta más abajo), pero puede utilizar la masa que se usa para hacer el pan, la que se usa para hacer galletas, o barro natural. Receta de la «arcilla» de panadería:

- 4 tazas de harina.
- 1 taza de sal.
- 1 taza y media de agua.

Mezcle y amase los ingredientes durante unos cinco minutos. Dé a cada niño un trozo que sea más o menos del tamaño de un pomelo. Esta masa incomestible se utiliza sobre todo para hacer adornos para el árbol de navidad, joyas y figurillas. Los objetos pueden secarse a temperatura ambiente o metiéndolos en el horno a 350 grados entre 40 y 60 minutos. Están listos cuando adquieren una tonalidad marrón claro o cuando introduce un palillo en la parte más gruesa de los mismos y al sacarlo está limpio, indicando que la masa se ha endurecido.

Ejercicio

Deje que los niños jueguen libremente con la masa un ratito y después coménteles que ésta podría simbolizar la sustancia invisible o la energía de la que están compuestas todas las cosas.

Puesto que el pensamiento da forma a la sustancia, dígales que se imaginen que sus manos son pensamientos. Puede incluso escribir la palabra *Pensamientos* en sus manos con un rotulador que se vaya con el agua. Pídales que estrujen, golpeen y tiren de la masa mientras piensan: «Mis pensamientos están moldeando esta sustancia». Dígales que así es como los pensamientos se convierten en cosas: pensando en dichas cosas.

Si trabaja con niños mayores, puede ampliar este ejercicio y explicarles que en realidad son los pensamientos ratificados por sentimientos los que se convierten en cosas. «Los pensamientos insustanciales tiene poca fuerza, pero cuando van unido a un sentimiento obtenemos la emoción. Para que los pensamientos se conviertan en una realidad física visible necesitamos energía emocional. La sustancia invisible es enormemente sensible a nuestros pensamientos y sentimientos, y éstos pueden moldearla fácilmente».

A continuación, diga a los niños que con la masa confeccionen objetos que les ayuden a recordar el ejercicio. «¿A qué pensamientos queréis dar forma?». Algunas veces las cosas a las que deseamos dar forma no son fáciles de hacer con la manos, así que utilizamos símbolos. «¿Qué objetos podríamos confeccionar para simbolizar la felicidad, la paz o el amor?».

Si deciden realizar adornos para colgar, haga un orificio en la parte superior del mismo antes de que la masa se seque o se cueza. Una vez terminados, los objetos pueden dejarse tal cual o pueden pintarse con rotuladores, esmalte, acuarelas, colorante alimentario o una mezcla a partes iguales de pintura al temple y cola blanca.

Afirmación

Yo tengo cuidado con lo que pienso, porque los pensamientos impregnados de sentimiento se convierten en cosas.

47. En cada problema hay un regalo

Materiales

Varias hojas de papel para borrador y un lápiz, una papelera pequeña llena más o menos hasta la mitad de papel de periódico arrugado, y una cajita de regalo con un lazo escondida bajo el papel de periódico. Ponga tiras de papel con mensajes que los niños puedan entender dentro de la caja. A continuación incluyo algunas sugerencias:

- Mi problema me ayuda a madurar.
- Los problemas son mis amigos porque me ayudan a ser fuerte.
- Este desafío contiene una enseñanza, y no se nos obsequia con enseñanzas hasta que no estamos preparados para aprender algo de ellas.
- Todo inconveniente tiene sus ventajas. Yo las estoy buscando.
- De este problema saldrá algo bueno.
- Mis problemas son oportunidades para aprender.

- Todos los problemas tienen solución.
- ¿Cuál es el presente de esta experiencia?
- El fracaso es información positiva.
- Los problemas son líneas directrices, no señales que nos obliguen a parar.
- Los problemas hacen que la vida sea más interesante.

Ejercicio

Pida a los niños que mencionen algunos de los problemas que tienen en ese momento. Sugiérales que incluyan problemas futuros que les inquieten, entre ellos conflictos locales, nacionales e internacionales. A medida que los mencionan, anótelos en un trozo de papel e invite a los niños a arrugarlo y a tirarlo en la papelera. (Si tienen edad suficiente, pueden anotarlos ellos.)

Cuando todos los problemas estén en la papelera, explíqueles que en cada problema o desgracia hay un presente oculto, pero que hay que buscarlo. Dé la papelera a uno de los niños y pídale que busque entre los problemas el regalo escondido.

Dígale que abra la caja y lean conjuntamente las tiras de papel que hay en su interior. Anímeles a discutir sobre los mensajes y piense en algunas experiencias propias que sirvan para ilustrarlos.

Indíqueles que, cuando se encuentra el presente oculto en un conflicto, a veces resulta útil denominar de otro modo al problema. Llámelos «retos», «oportunidades para aprender» o «presentes para madurar». Es posible que a los niños les guste tener en su habitación una caja de regalo parecida como recordatorio de este ejercicio.

Afirmación

Todo tiene su lado bueno para mí.

(Si lo prefiere, puede utilizar alguna de las afirmaciones de la lista que aparece al principio de este ejercicio.)

48. ¿Se está desplazando en círculos?

Materiales

Una maceta de terracota y pedazos de pasta de modelar o plastilina (que se usa para representar a las orugas).

Ejercicio

A lo largo de nuestra vida debemos aceptar los cambios y aprovechar las oportunidades ya que de lo contrario corremos el riesgo de acabar como las orugas que estudiaba Jean Henri Fabre, el famoso naturalista francés. Dichas orugas se alimentan de agujas de pino y se mueven por los árboles formando largas procesiones; una va delante y las demás la siguen con la cabeza encajada en la cola de su predecesora.

Fabre experimentó con ellas y las colocó en el borde de una maceta de grandes dimensiones. Empalmó la primera con la última y el resultado fue que empezaron a desplazarse en círculos, girando sin parar. A causa de la fuerza de la costumbre, el círculo móvil siguió giran-

151

do alrededor de la maceta durante siete días y siete noches. La comida estaba a la vista y cerca de allí, pero ellas siguieron apartadas del camino hasta que Fabre las detuvo.

«¿En qué aspectos de la vida seguís ciegamente las costumbres o los hábitos de otros?». Háblelo con los niños. «¿Confundís la actividad con los logros?».

Afirmación

> *Cuando confundo la actividad con los logros*
> *me doy cuenta*

49. Elévese por encima del problema

Materiales

Hilo o cuerda. Si tan sólo va a hacer una demostración, le bastará con ocho trozos, de unos sesenta o noventa centímetros de largo cada uno. Si quiere que los niños participen, consiga un trozo de dicha longitud para cada niño. Proyecto opcional de un móvil: papel encerado, almidón líquido para humedecer el hilo y dos perchas de alambre para cada niño.

Ejercicio

Alguien dijo en una ocasión que nunca debemos tratar de solucionar un problema quedándonos a la altura del mismo. Lo que tenemos que hacer es elevarnos por encima de éste y verlo tal y como lo ve el Creador, es decir, no ver ningún problema en absoluto. Nuestros problemas se solucionan mejor desde una perspectiva espiritual que por medio del poder mental.

Coja uno de los trozos de hilo, y enrédelo y enmaráñelo a conciencia, hasta tal punto que resulte extremadamente difícil desenredarlo. Si los niños van a tomar parte en la demostración, invíteles a hacer lo mismo con su trozo de hilo.

«Este revoltijo representa nues-
tros problemas humanos, los enre-
dos en los que algunas veces nos vemos envueltos. Podemos esforzamos
por resolver dichos problemas mentalmente y tratar de desenmarañarlos, pero
por regla general un planteamiento mental resulta largo, frustrante, difícil y poco eficaz. ¿Creéis que os costaría mucho desenredar y desenmarañar vuestro trozo de hilo? Sería como intentar solucionar un problema sin la ayuda de nadie. Es posible que se os pase por alto un nudo aquí y otro allí, y que por lo tanto deis una solución que no es precisamente la mejor.»

«Pero si por el contrario traspasáis el problema a un poder superior, éste hallará la mejor solución posible. El Creador se eleva por encima de la confusión y no se queda atrapado en ésta. De hecho, el Creador no ve nuestros problemas, sino tan sólo nuestra perfección.»

«Supongamos que este revoltijo enmarañado simboliza un problema de relación. Os resulta difícil llevaros bien con algunos compañeros de la clase. Siempre os hacen la vida imposible. Pero allí donde vosotros veis discordia, el Creador ve únicamente armonía.»

Coja otro trozo de hilo y confeccione un diseño armonioso. Si ha decidido que los niños intervengan en la demostración, incítelos a hacer lo mismo. «Así vería Dios esa relación. Si sois capaces de aprender a ver del mismo modo que lo hace el Creador, veréis que todas vuestras relaciones son afectuosas y armoniosas, y que en vuestra vida no existe una confusión terrible como en el trozo de hilo enredado. (Deje a un lado el hilo enmarañado».

«Creemos otro problema espinoso. (Enrede y enmarañe otro trozo de hilo). Se trata de un problema de salud que tenemos nosotros o alguien a quien conocemos. Pero debemos tener presente que el Creador nos ve a todos de forma global y tan saludables como esto. (Dé forma a otro trozo de hilo, e incite a los jovencitos a hacer lo mismo.) Cuanto más nos elevemos por encima de los pensamientos referentes a la enfermedad y más capaces seamos de vemos a nosotros mismos y a los demás tal y como nos ve el Creador, más sanos seremos.»

«Supongamos que nuestra vida se caracteriza por el desorden y la confusión. (Enrede otro fragmento de hilo.) Si nos elevamos por encima del problema y lo miramos desde un punto de vista espiritual, comprenderemos que el único orden que existe es el divino. (Confeccione una figura agradable y regular.) Si optamos por ver el orden perfecto, atraeremos dicha cualidad hacia nosotros.»

«O tal vez creemos que nuestras capacidades son tan limitadas que pensamos no somos capaces de hacer las cosas tan bien como los demás. Una vez más debemos alzamos por encima de dicho problema humano y vemos tal y como nos ve el Creador, o sea, con capacidades ilimitadas a causa del Espíritu que llevamos dentro. (Coja otro trozo de hilo y vuelva a confeccionar un diseño regular.»

«La próxima vez que tengáis un problema, en vez de hacer un esfuerzo humano, pedid al Espíritu que encuentre la solución perfecta. El universo siempre resuelve las cosas del modo que resulta más conveniente tanto para vosotros como para todos los demás. Podéis obtener re-

sultados mucho más sorprendentes de lo que vuestra mente humana puede llegar a imaginar o conseguir, pero debéis pedirlo sinceramente.»

«Una vez lo hayáis pedido, tenéis que escuchar al Espíritu que hay en vuestro interior para saber cuál es el papel que debéis desempeñar vosotros. Tenéis que continuar a partir de los consejos o la impresión obtenida. El Espíritu opera a través de nosotros. La fórmula idónea combina la oración y la acción?»

Para que recuerden este ejercicio, puede proponerles que confeccionen un móvil. Para ello, humedezca los trozos de hilo con el almidón y colóquelos sobre el papel encerado. Con los trozo enredados cree formas que simbolicen los problemas e invente otros diseños que representen cómo nos ve el Creador: saludables, ordenados, armoniosos, con talento, etcétera. Déjelos secar toda la noche y, después, retírelos del papel encerado y confeccione los móviles colgándolos de las perchas o de trozos de alambre combados.

Afirmación

Yo traspaso mis problemas al Creador y hago lo que me aconseja que haga.

50. Utilice su energía diaria

Materiales

Un frasco de cristal en el que quepa un litro, canicas en suficiente cantidad como para llenarlo, un vaso lleno de agua de aspecto turbio y una linterna. Si no dispone de canicas, puede emplear nueces con cáscara o piedras grandes. Opcional: un reloj como los que se utilizan en la cocina para controlar el tiempo de cocción.

Ejercicio

«El frasco representa el cuerpo, el vuestro o el de otra persona. Dentro de nuestro cuerpo hay muchos átomos. Las canicas simbolizan los átomos que componen las células de nuestro cuerpo. Éstos se encuentran muy separados los unos de los otros, pero como se mueven constantemente hacen que nuestro cuerpo parezca y sea sólido. No obstante, gran parte de nuestro cuerpo y de todos los objetos que haya nuestro alrededor, como las sillas y las mesas, están en realidad vacío». Señale la mesa y las sillas.

A continuación, coja la linterna y proyecte la luz sobre el frasco (el cuerpo). «La luz simboliza la parte de energía que recibimos cada día del universo. Nosotros decidimos continuamente, minuto a minuto, cómo utilizar esta energía. Si por nuestra mente cruzan pensamientos tristes o desagradables, éstos tiñen o modifican dicha energía».

«Cuando pensamos como el Espíritu quiere que pensemos –positivamente, constructivamente, sin limitaciones–, nuestra energía se impregna de dichos sentimientos. Esta energía emerge y se utiliza de forma adecuada.»

«Pero, ¿qué ocurre con la energía negativa? La negatividad ha hecho que se vuelva oscura y pesada. Supongamos que este vaso lleno de agua turbia es la luz o la energía que hemos utilizado erróneamente. Quizás la hemos empleado para enfadarnos, para juzgar, para criticar, por envidia, para preocuparnos, para autocompadecernos, o por egoísmo». Pida a los niños que pongan ejemplos de cómo han malgastado su energía.

Vierta el agua en el frasco. «Puesto que el agua turbia resulta demasiado impura como para utilizarla de forma positiva, se queda en todos los espacios vacíos que hay en nuestro cuerpo. Así pues, es posible que nos sintamos pesados y espesos, porque normalmente entre nuestros átomos hay luz». Proyecte de nuevo la luz sobre las canicas. Los niños de cierta edad pueden sugerir ejemplos de ocasiones en las que se hayan sentido pesados y de momentos en los que por el contrario se hayan sentido ligeros.

«Los pensamientos y sentimientos negativos eliminan gran parte de la luz y de hecho bloquean el flujo energético de nuestro cuerpo. Esto puede causar enfermedades, por lo que tenemos que ser plenamente conscientes de nuestros pensamientos y sentimientos, y modificar rápidamente aquellos que sean negativos. Una forma de conseguirlo es mediante un reloj de los que se utilizan en la cocina. Llevarlo encima por toda la casa y ponerlo constantemente para que suene cada diez o veinte minutos. Cada vez que suene, compruebe qué está pensando y sintiendo; de este modo descubrirá cómo utiliza la energía que recibe diariamente. Cuanta más energía seamos capaces de usar positivamente, más dominio tendremos sobre nosotros mismos.»

Si alguien pregunta cómo pueden deshacerse de los restos de suciedad que quedan alrededor de las canicas, sugiérales que se perdonen a sí mismos por haber malgastado su energía y que entiendan que en ese momento hicieron todo lo que estaba en sus manos.

Asimismo, puede hacerles visualizar que una luz blanca y penetrante resplandece por todo su cuerpo. Puede emplearse como un ejercicio de visualización dirigida para poner punto final a esta actividad.

Afirmación

Yo tan sólo pienso, siento, percibo, oigo y transmito pensamientos afectuosos.

51. Los aspectos de la mente

Materiales

Un embudo de cocina. Ponga una tira de cinta adhesiva que no sea transparente alrededor del embudo, justo encima del tubo, tal y como se indica en la ilustración. Otra posibilidad consiste en confeccionar el cono del embudo con algún tipo de papel grueso e insertar en él un tubo de papel.

Ejercicio

Los aspectos de la mente que se discuten en este ejercicio son el consciente, el subconsciente y el superconsciente. Lleve a cabo la exposición en estos términos, adaptándolos al nivel de entendimiento de los niños: «Este embudo os representa a vosotros y a mí. Lo consideraremos un símbolo. El tubito representa nuestro cuerpo. La parte amplia en forma de cono simboliza nuestra mente».

«La mente tiene dos aspectos o partes: la parte consciente, que todos conocemos perfectamente, y la parte subconsciente, que la mayoría de las personas desconocen. Dichas partes componen lo que nosotros experimentamos como la conciencia.»

«La franja estrecha de cinta adhesiva que hay entre el cuerpo y el tronco del embudo representa la mente consciente, la porción, de la mente con la que pensamos. Esta percibe, razona, evalúa y elige. Como puede escoger, se la conoce como la que "toma las decisiones". y puesto que tiene el poder de tomar decisiones, es la soberana de nuestra vida física.»

«El resto de la mente, la parte más grande con diferencia, es el poderoso subconsciente. Resulta apasionante conocerlo porque hace muchísimas cosas estupendas por nosotros. Desarrolla, sana y hace funcionar nuestro cuerpo. Se encarga de todos los procesos de nuestro cuerpo, como por ejemplo de hacer latir nuestro corazón, de la circulación de la sangre, de la digestión y de eliminar los restos no asimilables. Es el depósito de la memoria y la morada de la emoción, el hábito y el instinto. Pero hay cosas que no puede hacer. No puede pensar, ni razonar, ni juzgar, ni rechazar como hace la mente consciente. Y es precisamente porque el subconsciente no puede hacer todas estas cosas que la mente consciente lo domina. El subconsciente puede compararse con un ordenador, que depende del programador informático, es decir, de la persona que introduce la información en el ordenador.»

Si realiza el ejercicio con niños pequeños, utilice la analogía del jardinero que siembra semillas en el suelo, comparable a la mente subconsciente. «El suelo acepta todas las semillas del jardinero, así como la mente subconsciente acepta todas las sugerencias o instrucciones de la mente consciente. Pero he aquí el lado bueno: Esta faceta de la mente es moldeable. Puede asumir cualquier orden u opinión de la mente consciente y darle forma». Ponga ejemplos sacados de su propia experiencia. Piense en ocasiones en las que ha dado instrucciones a su subconsciente y éste, a causa de lo manejable que es, se ha desarrollado conforme a su parecer. Brinde ejemplos tanto positivos como negativos de palabras u opiniones suyas que se formaron de este modo. Proponga un experimento sencillo con el que los :niños puedan comprobarlo. Uno muy conocido consiste en despertarse varios minutos antes de lo habitual sin la ayuda del despertador. Dígales que cuando se vayan a la cama pongan su despertador mental diez minutos antes de lo normal; para ello deben decir para sí que al día siguiente por la mañana a esa hora estarán completamente despiertos e impacientes por saltar de la cama.

Coja de nuevo el embudo y explíqueles: «La capacidad del subconsciente para dar forma es ilimitada porque se abre, al igual que el embudo, al gran océano de la mente, la sustancia informe que se extiende a nuestro alrededor. Ésta es la mente superconsciente, la Mente Universal que lo sabe todo y puede responder a nuestras preguntas si guardamos silencio y prestamos atención de verdad. Siempre podemos optar entre dejar que la mente consciente limitada gobierne nuestra mente programada o recurrir al poder ilimitado y omnisciente del superconsciente que está aguardando respondemos. Para ello primero debemos pedírselo, y después tenemos que hacer callar nuestra mente consciente y escuchar nuestra voz interior. Nuestra mente superconsciente puede guiamos mucho más acertadamente que la capacidad limitada de pensar y razonar de nuestra mente consciente. Esta es la razón por la que algunas personas meditan o dedican cada día cierto tiempo a "escuchar"».

La mayor parte de las afirmaciones tienen que ver con este ejercicio y proporcionarán a los niños un mayor dominio sobre la capacidad de tomar decisiones de la mente consciente y les ayudará a escuchar al super-consciente que hay en su interior. Recuerde a los niños que el subconsciente aceptará sus pensamientos habituales y les dará forma.

Afirmación

Tan sólo pienso en cosas buenas que quiero que ocurran.

52. La creencia activa la fe

Este ejercicio incluye dos analogías y por consiguiente puede dividirse en dos partes.

Materiales

Dos cuencos o dos vasos, un trozo de manguera de acuario o una pajita combada con un extremo en cada vaso o cuenco, un vaso lleno de agua, una tableta efervescente *Alka-Seltzer* y varias etiquetas.

Ejercicio

Primera parte: La fe es un poder que todos poseemos. Es una energía o vibración rítmica continua que está presente en el alma de todas las personas. La fe es la facultad más directamente implicada en hacer visible lo invisible.

Pegue una etiqueta que ponga *Mundo invisible* en uno, de los cuencos o vasos y otra que ponga *Mundo vi-*

sible en el otro. «En el mundo invisible hay una energía o sustancia con la que se han formado todas las cosas de nuestro mundo. (Coloque la manguera o la pajita entre los dos recipientes y péguele una etiqueta que ponga *Fe*. Es la fe la que convierte las cosas buenas invisibles en visibles. La fe es el poder que dice "sí" a aquello que no se ha visto. Dice "sí" al Espíritu, la única fuerza que puede originar el bien.»

«El poder de la fe está presente en todos nosotros, pero algunas personas lo activan y otras no. Por eso parece que algunas tengan fe y otras no. A menos que activemos o estimulemos nuestra fe, ésta no puede hacer surgir cosas buenas de lo invisible.»

«La creencia activa la fe. La tableta efervescente antiácida simboliza la creencia. Establezcamos otra analogía y digamos que el agua que hay en este vaso es la fe. Este poder extraordinario se encuentra en estado latente, dormido, inactivo. Tenemos que despertarlo o avivarlo mediante nuestra creencia, nuestra convicción.»

Eche la tableta antiácida en el vaso de agua. Ésta hará que el agua empiece a burbujear o entre en efervescencia. «Observad lo viva y activa que se vuelve la fe ahora».

Segunda parte: Otra posible analogía consistiría en utilizar la manguera a modo de sifón para trasvasar líquidos. Los niños podrían ver cómo fluye el agua (sustancia) desde el recipiente del *Mundo invisible* hacia el recipiente del *Mundo visible* a través de la manguera de la *Fe*. Hágales notar que hasta que la creencia no activa el fluido, no ocurre nada. Si no lo estimulan, el agua (sustancia) no se mueve. Para iniciar el trasvase, sumerja la manguera en el vaso del *Mundo invisible* que previamente habrá llenado de agua (sustancia). Tape uno de los extremos con el dedo, saque la manguera y colóquela en el recipiente del *Mundo visible,* que debe colocar en un nivel más bajo.

Las afirmaciones pueden contribuir a desarrollar nuestro sistema de creencias y a fortalecer nuestra fe. Ayude a los niños a construir declaraciones sencillas en las que afirmen que creen en el Creador, en la paz, en lo positivo, en la curación y en el bien.

Dígales que ejerciten su fe mirando hacia el mundo invisible y no hacia el visible, hacia la causa y no hacia el efecto. Ponga algunos ejemplos con los que los niños puedan sentirse identificados.

Afirmación

> *Tengo fe en Dios y tengo fe en el Bien.*

53. Sintonice con el Espíritu

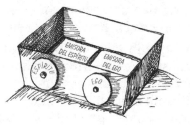

Materiales

Una caja del tamaño aproximado de una caja de zapatos, un trozo de papel que quepa bien en el fondo de la caja, un lápiz y un lápiz de color para cada niño. Confeccione dos círculos de cartón grueso para cada caja y sujételos a ésta por el centro con un encuadernador (clavito). Los círculos serán los botones o discos selectores para sintonizar la radio. Si lo desea, para hacer los agujeros que unirán los círculos a la caja puede utilizar un picahielos. En lugar de encuadernadores puede emplear tuercas y tornillos.

Ejercicio

Explique a los niños que van a confeccionar una radio de juguete que les servirá para escuchar al Espíritu, o a Dios. (Doy por sentado que son lo suficientemente grandes como para saber que no van a oír una voz de verdad como si se tratase de una radio real). Coménteles que en nuestro interior hay siempre dos voces, dos partes de nuestra mente, que se disputan nuestra atención. Una es el ego, también llamado el «pequeño yo», que trata de hablar siempre el primero. Habla tan alto que a veces nos resulta imposible oír la otra voz. Sugiérales que cojan uno de los círculos, o botones de radio, y escriban en él la palabra EGO en mayúsculas.

La otra voz que intenta decimos algo es Dios, o el Espíritu, o nuestro Yo Superior. Indíqueles que escriban *Espíritu* en el otro círculo, también en mayúsculas. Dé a cada niño una caja para que la utilice como si fuera una radio. «Esto es una radio y vais a mirar en su interior, así que el lado abierto tiene que quedar en la parte superior». Ayúdeles a sujetar los dos botones a su «radio» (si hace falta, utilice un punzón para picar el hielo).

«Las radios suelen tener un botón para AM y otro para FM. Si un botón está sintonizado a una emisora AM, sólo podemos escuchar esa frecuencia. No podemos oír ninguna emisora FM a menos que desconectemos el botón AM y conectemos el botón FM. Si estamos escuchando a nuestro ego, o a nuestro yo pequeño, tan sólo podemos oírlo a él, a no ser que estemos dispuestos a apagar esta emisora y a encender la denominada Espíritu. No podemos escuchar las dos estaciones a la vez, así como no podemos oír la frecuencia AM y la FM al mismo tiempo. Podemos escoger lo que escuchamos porque tenemos libertad para obrar.»

Si los niños tienen edad suficiente, pregúnteles cómo podemos saber si la que suena es una emisora AM o una emisora FM. Ésta es una manera de introducir un debate sobre cómo pueden saber si les habla su pequeño yo o su yo superior.

A continuación, pida a los niños que cojan la hoja de papel y que tracen una línea que la divida por la mitad. Dígales que escriban *Emisora del Espíritu* en el lado donde se encuentra el botón *Espíritu,* a modo de encabezamiento, y *Emisora del Ego* en el otro lado (véase ilustración). Debajo de cada encabezamiento deben anotar una lista de palabras clave que sirvan para indicar qué emisora están escuchando.

Inicie una discusión para que surjan dichas palabras. Tal vez digan que cuando habla el ego se sienten separados de los demás, mientras que cuando están sintonizados con el Espíritu experimentan una sensación de unidad o armonía. En este caso, pondrían la palabra *separación* en la columna del Ego y la palabra *unidad* en la columna del Espíritu. O que se sienten seguros cuando escuchan al Espíritu y tienen una sensación de gran incertidumbre, duda y confusión cuando oyen al ego. Una vez más, encárguese de que escriban las palabras clave en la columna correspondiente. Con el Espíritu se experimenta una sensación de felicidad, paz y amor. Con el ego uno puede sentirse temeroso, desconcertado, o tener pensamientos agresivos. Es posible que alguien comente el sosiego que se siente cuando se escucha al Espíritu y la sensación frenética que uno experimenta cuando sintoniza el ego.

Debe haber palabras y frases clave en ambas columnas, pero asegúrese de que los niños saben lo que éstas significan o no cumplirán su función de recordatorio.

«El ego tiende a cuestionar y a analizar; la aceptación es el resultado de escuchar al Espíritu. Pero ¿qué me decís de los sentimientos de culpa que acompañan al ego frente al sentimiento de perdón que experimentamos por nosotros y por los demás cuando estamos sintonizados con el Espíritu? El ego mitiga los problemas pero no los remedia; el Espíritu los elimina por completo. El Espíritu ofrece una solución práctica, una solución en la que todos los implicados salen ganando. La intención del ego es crear conflicto. La emisora del ego se oye fuerte, mientras que la emisora del Espíritu suele sonar muy floja a no ser que se sea un oyente bien dispuesto». Vaya añadiendo nuevas palabras a las listas a medida que se le ocurran a usted y a los niños.

Una forma adecuada de concluir esta sesión podría ser sintonizar con el Espíritu por medio de una meditación auditiva. Puede ser una meditación no específica para sosegar la mente, o puede tener una finalidad concreta que interese a uno de los niños o a todo el grupo.

«Espero que pongáis la radio en vuestro dormitorio Y que miréis a menudo las listas para comprobar con qué emisora estáis sintonizados. Durante el día programad uno de esos relojes que se utilizan en la cocina y, cuando suene, verificad si estabais escuchando al Espíritu o al ego.»

Afirmación

Yo opto por escuchar al Espíritu que llevo dentro, y éste me guía en todo aquello que hago.

54. Nuestra vasija de la creencia

Le aconsejo que utilice este ejercicio después del ejercicio 52, que lleva por título La creencia activa la fe.

Materiales

Lápices, tiras de papel y un surtido de tazas, vasos y recipientes varios cuyo tamaño oscile entre el de un dedal y el de un cubo.

Ejercicio

Nuestra creencia es la vasija que sostenemos para que el Espíritu la llene de cosas buenas. Las cosas buenas provienen de la sustancia invisible, y es nuestra creencia la que determina la cantidad que vamos a recibir.

«Todos estos recipientes representan el tamaño o proporción de nuestra creencia en determinados aspectos: nuestra autoestima, nuestras habilidades, las experiencias que tendremos. La creencia está integrada por los pensamientos y los sentimientos que nos llevan a pensar que algo es posible o no lo es. Por ejemplo, si pedimos 1.000 euros, pero en el fondo de nuestro corazón pensamos que sólo nos darán 100, ésta es nuestra creencia y eso es lo que vamos a conseguir». Ponga un par de ejemplos con los que los niños se sientan particularmente identificados, tales como ir de acampada, aprobar un examen, ser aceptado por los demás o recibir una invitación.

Pida a los niños que anoten en los trozos de papel palabras relativas a los amigos, a gastar el dinero, a la buena salud, a los viajes, a prendas de vestir bonitas y a habilidades concretas (el piano, el arte, cantar, escribir a máquina, los deportes, etcétera). Asegúrese de que mencionan aspectos que les interesan. Si los niños todavía no saben escribir, anote usted mismo las palabras, y utilice tiras de papel de distintos colores para cada una de las categorías.

Pida a los niños que piensen hasta que punto creen que es posible en su caso cada una de las condiciones, y a continuación introduzca el trozo de papel en el recipiente que tenga el tamaño apropiado. Por ejemplo, si creen que tan sólo pueden tener un par de amigos, pondrá el trozo de papel marcado con la palabra *amigos* en un recipiente pequeño. Si por el contrario creen que pueden tener un gran número de amigos, introducirá dicho trozo de papel en un recipiente mucho más grande.

Es posible que surja la pregunta: «¿Cómo sabemos lo que creemos?». Contésteles: «Cuando queremos algo, hay una voz humilde y reposada en nuestro interior que dice algo parecido a "esto no es para ti; no te lo mereces" o "puedes hacerlo; a por ello". Este sentimiento o convicción es la creencia que puede anular nuestro deseo o reanimarlo».

«Si deseamos más cosas buenas en algún ámbito de nuestra vida, debemos agrandar nuestra vasija de la creencia. Debemos elevarnos por encima de todo aquello que nos hace sentir indignos y comprender que los verdaderos deseos proceden del Creador. Las proposiciones positivas y las afirmaciones pueden contribuir a que empecemos a sentirnos merecedores de cosas mejores. Asimismo, podemos recurrir al Espíritu y pedirle que aumente nuestras creencias.»

El ejercicio puede terminar con una visualización dirigida. Diga a los niños que escojan un ámbito en el que deseen ampliar su creencia en sí mismos. Llévelos a un estado de profunda relajación y pídales que visualicen una progresión positiva en dicho ámbito.

Afirmación

Yo soy un hijo del Creador y me merezco lo mejor.

55. Separe el miedo del problema

Este ejercicio es para niños mayores que sean capaces de escribir y conceptualizar con facilidad. Puede dividirse en dos partes.

Materiales

Primera parte: Una cajita con una tarjeta que diga *Miedo* colocada boca abajo en el fondo, trozos de papel y lápices.

Segunda parte: Huevos, una tacita o cuenco y un separador de huevos (un artilugio que sirve para separar la yema de la clara). El huevo puede separarse sin el separador, pero visualmente no resulta tan elocuente.

Ejercicio

Primera parte: Dé a los niños un lápiz y varios trozos de papel, y pídales que anoten, de forma muy escueta, algunas cosas que les hayan irritado o enojado últimamente. Pueden escribir varias cosas en un mismo pedazo o anotar cada ejemplo en un papel distinto. Asegúreles que nadie leerá los papeles. Cuando terminen, dígales que arruguen los papeles y que los arrojen a la caja que previamente habrá colocado en el centro de la mesa.

«Detrás del enojo o la irritación siempre hay una misma emoción oculta. ¿Sabéis de que emoción se trata?». Deje que respondan todos; después saque la tarjeta que hay en el fondo de la caja y déle la vuelta para que todos vean la palabra *miedo*. Ponga uno o dos ejemplos que conozca por propia experiencia para que entiendan la idea. Puede decir: «Me irritaba que los demás me dijeran lo que tenía que hacer. Después me di cuenta de que mi irritación se debía al miedo. Tenía miedo de que los otros tuvieran un mayor dominio sobre mí, de perder mi libertad. En otra ocasión me enojó que me criticaran en público. Al tratar de descubrir el miedo oculto, comprendí que tenía miedo de quedarme sin amigos, de estar solo».

Dígales que cierren los ojos y que piensen que detrás de su irritación y su enojo podría haber algún miedo oculto. Invite a aquellos que estén dispuestos a compartir sus experiencias a hablar de sus enfados y de los miedos que han descubierto tras los mismos.

Segunda parte: «Siempre que tenemos un problema o nos enfrentamos a un reto, nos resulta más fácil superarlo si separamos el miedo del mismo. Este huevo simboliza un problema. Voy a simular que es un problema que tengo con mi madre. A continuación voy a separar mis miedos del problema con este separador de huevos».

Coloque el separador de huevos sobre la taza o el cuenco pequeño. Rompa el huevo y deje caer la yema en el centro del separador y la clara en la taza. «Observad cómo la clara, que simboliza mis miedos, desciende hasta la taza. Va tan bien separar todo ese miedo del problema que si lo hacemos puede llegar a parecemos que el problema ha desaparecido. Si existen tan sólo dos emociones básicas, el amor y el miedo, ¿qué creéis que queda en el separador una vez que todo ese miedo ha ido a parar a la taza? ¡El amor, naturalmente! El amor es la ausencia de toda emoción negativa. Es aceptación incondicional. Una vez separado el miedo del problema o reto, y quedando únicamente el amor, la solución es fácil. El Espíritu es amor, y dicho amor nos proporciona la respuesta a cualquier desafío con el que nos enfrentemos en la vida. Cuando el miedo nos estorba, no conseguimos oír las soluciones. El miedo puede bloquear nuestra capacidad de escuchar al Espíritu que llevamos dentro».

Si el grupo de niños es reducido o realizan el ejercicio en una casa particular, cada niño puede pensar en un reto y después separar simbólicamente el miedo de éste con el separador de huevos. Seguramente les gustará hacerlo. Después, emplee los huevos para hacer una tortilla u otra cosa.

Afirmación

Yo me libero del miedo para poder experimentar más amor en mi vida.

56. Intimidad (en-mi-ver)

Materiales

Una linterna, un jarrón de cristal transparente lleno de agua sucia y otro lleno de agua limpia, en éste último echaremos el agua sucia.

Ejercicio

Una de las Virtudes Universales es la transparencia, que significa ser abierto, honesto y sincero sobre quién somos, tanto con uno mismo como con los demás.

Muestre a los niños el jarrón lleno de agua turbia. «Ha dejado de ser transparente, ¿verdad? No podéis ver a través de ella. Así somos nosotros cuando estamos llenos de miedos o preocupaciones, o escondemos facetas de nosotros mismos a los demás. Es posible que escondamos algo que consideramos malo, o una faceta de nosotros mismos que no damos a conocer porque nos da miedo la reacción de los demás. En cualquier caso, iluminando esas facetas con la Luz del Amor (utilice la linterna) es posible transformar dichas facetas y las circunstancias que las rodean, poniendo de manifiesto la virtud de la transparencia».

Vierta el agua limpia en el jarrón del agua sucia. «Debéis tener en cuenta que la Luz Universal de Dios inunda nuestras vidas. De forma lenta pero segura, el agua del jarrón, como nuestras vidas, se volverá fresca, pura y transparente. No ocurre de la noche a la mañana y puede exigir una buena dosis de valor, pero si adoptamos una actitud abierta y dejamos entrar la luz, nuestra vida puede cambiar para siempre». Una vez terminado el ejercicio, analícelo con los niños.

Afirmación

Me muestro sincero, honesto y transparente con los demás y conmigo mismo.

57. Basta una persona para iluminar la oscuridad

Materiales

Una vela, cerillas y una habitación oscura. Opcional: una vela para cada niño metida en una base de cartón que recoge la cera y protege sus manos de la cera caliente. Advertencia: deje que los niños sujeten las velas sólo si son lo suficientemente grandes como para mantenerlas rectas.

Ejercicio

En una casa, encienda una vela y coman a la luz de la vela mientras comentan el ejercicio. Hágales ver la poca luz que se necesita para disipar la oscuridad. Coménteles que nosotros podemos escoger en este mundo. Si queremos, podemos ser como la vela e iluminar la oscuridad que haya nuestro alrededor. Puesto que los niños no suelen frecuentar las estancias oscuras, pregúnteles dónde creen que se encuentra la oscuridad. Indíqueles que la mayor parte de la oscuridad con la que tendrán que enfrentarse se halla en la mente de las personas. Esta oscuridad es el miedo en sus distintas formas: la autocompasión, la ira, el dolor, la falta de confianza en uno mismo, la envidia, y pensar que no se tiene lo suficiente o que no se es lo suficientemente idóneo. Pídales que pongan ejemplos de las distintas clases de miedo que hayan oído o visto. Pregúnteles qué pueden hacer para introducir la luz en dicha oscuridad. Comenten las ideas que se les ocurran a usted y a los niños.

Si proponen la idea de hablar positivamente para ayudar a la otra persona, explíqueles: «A veces hablar puede no ser lo más oportuno, pero podemos pensar cosas agradables acerca de las personas que están tristes e imaginarnos que vuelven a ser felices. El poder de las imágenes resulta particularmente significativo cuando alguien está enfermo o herido. Si lo visualizamos sano, en lugar de tal como parece estar en ese momento, sin duda le beneficiaremos. No obstante, no podemos decidir qué necesita una persona para estar bien o ser feliz. Nos limitamos a transmitir pensamientos llenos de amor y de luz. Incluso podéis visualizar una luz blanca y brillante alrededor de la persona que está triste o enferma. De este modo disipamos la oscuridad porque creamos un tipo de luz que no puede verse».

Si desea ampliar la actividad, demuestre que basta una persona con una vela para mostrar el camino a través de la oscuridad, ya que hace posible que otros le sigan. Deje que los niños le sigan por toda la casa. Hágales observar que la luz que lleva ilumina detrás suyo y a la vez le alumbra a usted. Y lo mismo ocurre con el amor. Propóngales que sean los portadores de la vela, y que se imaginen que la vela que llevan es la verdad sobre sí mismos y sobre los demás. La verdad de que todos nosotros somos parte del Espíritu y estamos hechos a imagen y semejanza del Creador puede aportar mucha luz a las mentes oscuras. Dígales algunas verdades específicas que puedan comprender.

Opcional: dé una velita a cada niño y pídales que la sujeten mientras usted las enciende con la suya. Muéstreles que cuando usted les regala parte de la luz de su vela para encender las suyas, la luz no disminuye, sino que por el contrario aumenta. Y lo mismo ocurre cuando compartimos nuestro amor.

Afirmación

Yo soy hijo del Creador y me gusta proporcionar luz a los demás.

58. La ira es autodestructiva

Este ejercicio ha sido pensado para niños mayores que estén familiarizados con los cuchillos y no sientan la tentación de experimentar o jugar con ellos.

Materiales

Un cuchillo de cocina en una bandeja.

Ejercicio

Pregunte a los niños qué creen que sentiría una persona si cogiese el cuchillo por el filo. Después pregúnteles: «Si dicha persona golpeara a alguien con el mango del cuchillo sujetándolo por el filo, ¿quién creéis que se haría más daño? Cada vez que sentimos odio o ira es como si cogiésemos un cuchillo por el filo. De hecho, alguien dijo en cierta ocasión: "El odio es un arma que uno empuña por el filo". Dichas emociones perjudican seriamente a aquel que las experimenta y no afectan a la otra persona a menos que ésta decida aceptarlas».

«La ira es una agresión contra uno mismo. y puede obstruir el flujo energético del cuerpo. A causa de la ley de la atracción, en la vida de dicha persona surgirá más ira u odio. Recordad: todo aquello que sale regresa con más de lo mismo.»

«La ira es el amor del Creador en nosotros, expresada de modo imperfecto. Podemos optar por redirigir esta energía, pero para ello primero debemos deshacemos de estos sentimientos coléricos de un modo efectivo. Algunas personas tienen un cojín fuerte que utilizan a modo de saco de arena para golpear. O cuando nos sentimos completamente irritados o llenos de sentimientos agresivos, podemos coger una bolsa de papel imaginaria y vaciar todos esos 'horribles sentimientos de ira en ella. Podemos meterla en una llama púrpura imaginaria y dejar que ésta consuma toda la negatividad. Visualice la llama y afirme: "Ahora me libero de la ira y opto por ser una expresión del amor de Dios".»

Afirmación

Soy una criatura del universo afectuosa, y opto por percibir amor en todos los demás.

59. El poder de la palabra

Es aconsejable utilizar este ejercicio con niños mayores a causa de las cápsulas.

Materiales

Tres cápsulas (una de cada tipo) y un plato o una toallita de papel para cada niño. Compre cápsulas vacías en la farmacia y rellene unas cuantas con alguna sustancia suave, como por ejemplo harina, otras con pimienta en polvo y otras con azúcar.

Ejercicio

Dé a cada niño una cápsula llena de harina. «Una palabra es el símbolo de una idea que se encuentra en la mente de una persona. Las palabras que utilizamos son como cápsulas de pensamientos y de sentimientos. Las palabras son creativas y pueden formar aquello que queremos o que no queremos dependiendo del pensamiento o del sentimiento que haya en ellas».

A continuación encárguese de que cada niño vacíe la cápsula en un plato o en una toallita de papel. «Éste es el pensamiento o sentimiento contenido en una palabra. Humedeceos el dedo y probad un poco de la sustancia. ¿Qué sabor tiene? Algunas de nuestras palabras también son suaves y no tienen demasiado poder creativo, por ejemplo: "Hace buen tiempo", "Vayámonos a casa", o "¿Dónde has puesto la mantequilla?". Estas palabras no contienen demasiado sentimiento. Pero existen un par de palabras que son extremadamente poderosas».

Reparta las cápsulas de pimienta y haga que los niños viertan «el pensamiento y el sentimiento» en el plato o en la toallita de papel. «Humedeceos un dedo y probad el contenido, tan sólo una pizquita, porque estas palabras son muy poderosos. ¿Es muy fuerte, penetrante y potente, esta sustancia? Simboliza las palabras YO SOY (o YO ESTOY o A MÍ). YO SOY es otra forma de decir Dios, así que ésta es la afirmación creativa más poderosa que podemos expresar o pensar. Siempre que decimos YO SOY conferimos un gran poder creativo al pensamiento o idea que viene a continuación.

«Cuando decimos YO SOY con mucho sentimiento, el universo responde y dicha condición se incorpora a nuestra vida, a menos que la anulemos con sentimientos opuestos. Nuestro discurso interior puede ser tan poderoso como la palabra hablada. Lo que debemos vigilar es el sentimiento con el que cargamos las palabras. La frase "Estoy harto de esto", dicha de forma muy emotiva, puede anular la oración "Soy una criatura de Dios sana y feliz" dicha sin sentimiento. "A mí nadie me quiere" dicho llorando puede eliminar "Soy una persona a la que los demás les gusta tener cerca".»

«Puesto que YO SOY representa nuestro yo espiritual, tan sólo debemos usarlo con pensamientos positivos». Sugiérales ejemplos de frases con YO SOY de este tipo. Una forma divertida de hacerlo consiste en jugar a «YO SOY». Por orden, cada uno dice una afirmación con YO SOY que empiece por la letra del alfabeto correspondiente «YO SOY ambidiestro», «YO SOY bueno», «YO SOY creativo», y así sucesivamente.

A continuación, dé a cada niño una tercera cápsula que contenga azúcar o alguna otra sustancia agradable. Recuérdeles que una palabra es una cápsula de pensamiento o sentimiento. Dígales que prueben la sustancia y explíqueles que ésta simboliza aquellos vocablos que son dulces, cariñosos, reconfortantes y edificantes.

Existen pocas palabras neutras. La mayoría tienen el poder de sanar o de destruir. Coménteles que una palabra puede seguir afectándonos mucho tiempo después de que el sonido de la misma se haya apagado. Tal vez deseen compartir algunas palabras que recuerden que les han ayudado o les han hecho daño durante vanas semanas.

Discutan qué palabras podrían emplear para confortar a los demás. Anímeles a usar únicamente aquellos vocablos que representen los mejores pensamientos de que son capaces. Terminen el ejercicio diciéndose palabras edificantes los unos a los otros, palabras que expresen aprecio y gratitud.

Afirmación

Las palabras más poderosas que puedo decir son YO SOY.

60. Entreteja su conciencia espiritual

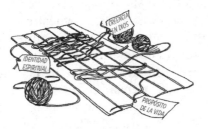

Es aconsejable utilizar este ejercicio con niños mayores que tengan ciertas nociones espirituales.

Materiales

Madejas de hilo de distintos colores, una aguja de plástico que tenga el ojo grande y un trozo de tela metálica fuerte (un entramado de alambre) con los extremos unidos con una cinta, para usted y para cada uno de los niños.

También puede utilizar un trozo de cartón y colocar cuerdas alrededor del mismo formando un urdimbre. Si realiza pequeñas muescas en los bordes del cartón, las cuerdas no se moverán de su sitio.

Otra opción consiste en confeccionar «receptores de sueños» para este fin.

En lugar de usar una aguja, puede cubrir un par o tres de centímetros de hilo con cinta adhesiva o de celofán y cortarla al sesgo para marcar donde acaba. Asimismo puede usar de aguja una horquilla o un limpiador de pipas atado al hilo.

Ejercicio

«El entramado de tela metálica o el cartón representa vuestra conciencia espiritual, vuestro conjunto de pensamientos y sentimientos, y vuestro conocimiento completo, que a veces se denomina alma. Vamos a hablar sobre nuestra conciencia espiritual, nuestros pensamientos y sentimientos acerca de las cuestiones espirituales. Son los pensamientos que se encuentran entrelazados en nuestra conciencia y constituyen nuestro carácter espiritual. Algunas veces ni siquiera somos conscientes de cuáles son nuestras creencias, así que vamos a tratar de identificarlas. Usaremos estas madejas de hilo como símbolos de nuestros pensamientos y las entretejeremos en nuestra conciencia (muéstreles el urdimbre). Entretejamos primero nuestras creencias acerca del Creador. Voy a utilizar este hermoso hilo color púrpura para simbolizar mi opinión.»

Ayude a los niños a escoger un ovillo de hilo para representar sus ideas acerca del Creador y a ensartarlo en la aguja u horquilla. Mientras lo entrelazan en el urdimbre, pídales que expresen sus ideas en palabras, sus sentimientos sobre lo que el Creador es o deja de ser. Puede empezar exponiendo sus propias ideas (por ejemplo, amor, el poder único, omnisciente, omnipresente, Dios, no es una persona, demasiado vasto para entenderlo, etcétera).

Este tipo de discusiones no son acertijos para los que sólo hay una respuesta correcta. Es una oportunidad magnífica para conocer lo que piensan los niños, ideas que es posible que no salgan a relucir si éstos sienten que los estamos juzgando. No lo convierta en un ejercicio que gire en tomo de quién tiene razón y quién no, sino en una oportunidad para fijarse en aquellos aspectos sobre los que a lo mejor deseará enseñarles algo más adelante. El mejor planteamiento consiste en compartir sus propios pensamientos y respetar los de los niños.

A continuación, pídales que escojan un ovillo de hilo para representar quién creen que son, es decir, para su identidad espiritual (por ejemplo, un hijo de Dios; un ser espiritual, mental y físico; un hijo o una hija sagrada del Creador; un ser que forma parte del Espíritu al igual que una gota forma parte del océano; una expresión del origen; un heredero de dones espirituales; un ser único y especial).

La siguiente madeja de hilo simboliza su idea de por qué están aquí, la finalidad de sus vidas (por ejemplo, llegar a ser mi yo verdadero, ser la persona perfecta que Dios me hizo, desempeñar mi papel dentro del plan divino, mi función específica, expresar el Espíritu según su método particular único, aprender las enseñanzas que he escogido aprender en esta vida, ser verdaderamente útil).

Utilice el siguiente ovillo de hilo para representar el tema de nuestra inmortalidad o nuestras creencias acerca de la muerte (por ejemplo, el alma no nace ni muere, la vida es eterna y nosotros tan sólo cambiamos de traje, podemos optar por vivir en muchos cuerpos para llegar a ser tan perfectos como Dios desea que seamos, la muerte es una experiencia gozosa).

Emplee otra madeja de hilo para abordar el tema de la esencia del universo y del mundo en el que vivimos (por ejemplo, todas las cosas del universo están sometidas a la ley y el orden, causa y efecto, los pensamientos se transforman en cosas, nosotros provocamos nuestras experiencias por medio de nuestros pensamientos y sentimientos, existe tan sólo un poder único). Siga sonsacándoles pensamientos sobre otros asuntos espirituales, tales como la oración, la meditación, el cielo, los ángeles, el amor o cualquier tema que considere significativo. Si los niños tienen edad suficiente, mientras entretejen el hilo pueden confeccionar algún dibujo.

Cuando todos hayan terminado, elogie los resultados, y recuerde a los niños que cada hilo simboliza un concepto espiritual y que así es como se configura el carácter espiritual. Si los niños son mayores, explíqueles que la conciencia precede a la experiencia. Cuanto más se incorpora este conocimiento espiritual a la conciencia, mejor serán las experiencias vitales de uno.

Uno de los mejores métodos para expandir la conciencia o para aumentar nuestro conocimiento espiritual es por medio de la meditación. La meditación consiste en escuchar a la Fuente Original, mientras que la oración es hablar con la Fuente Original. Concluya el ejercicio con un rato de meditación en silencio para que cada uno perciba los consejos de su voz interior.

Si lo desean, usted y los niños pueden fijar una «leyenda» en la parte de atrás del tejido para recordar qué simboliza cada color. También pueden añadir palabras clave que les ayuden a recordar sus ideas. Si quieren, pueden colgar la obra terminada en la pared de su habitación.

Afirmación

Si escucho el Espíritu que llevo dentro, aumento mis conocimientos.

61. Mensajes procedentes del agua

Materiales

Un recipiente con agua, un vaso de plástico o cristal lleno de agua para cada niño y una etiqueta o pegatina pequeña para cada vaso. Si los niños todavía no saben escribir, anote las palabras *Amor* y *Gratitud* en las etiquetas antes de empezar el ejercicio. Trate de conseguir fotografías de cristales de agua (pregunte en la biblioteca, las librerías, las tiendas de alimentos dietéticos y las tiendas donde venden calendarios).

Ejercicio

Este ejercicio surgió a partir del libro *Mensajes del agua* de Maseru Emoto. Incluye muchas fotografías a color de cristales de agua, muchas de ellas de gran belleza.

¿Sabía que como mínimo el 70% de su cuerpo está compuesto por agua? Para que los niños puedan entender lo que significa ese 70%, muéstreles un vaso con un 70% de agua o zumo. Hágales entender que el cuerpo humano está compuesto en su mayor parte de agua.

«Emoto, un científico japonés, ha dedicado muchos años al estudio del agua y ha descubierto que el agua forma hermosos cristales cuando se le muestran palabras positivas tales como *Amor* y *Gratitud*.»

«Uno de los experimentos de Emoto consistía en congelar agua corriente del grifo después de que a una parte de ella se le mostraran las palabras *Amor* y *Gratitud*. Los cristales que se formaron en el agua corriente que no había sido expuesta a las palabras *Amor* y *Gratitud* estaban deformados e incompletos: Pero la misma agua expuesta a las palabras *Amor* y *Gratitud* formaba cristales simétricos, completos y de gran belleza.»

Pida a los niños que consideren la importancia que tiene el agua en sus vidas. Por ejemplo, lo mal que lo pasan cuando tienen sed, lo bien que les sienta beber agua, lo divertido que es nadar o lo bien que sienta darse un baño o una ducha. Sus cuerpos están compuestos en su mayor parte de agua. Pregúnteles si son capaces de imaginarse cómo serían o se sentirían si no tuvieran acceso al agua.

Luego puede pedir a los niños que coloquen sus etiquetas con las palabras *Amor* y *Gratitud* en sus vasos de agua. También puede pedirles que expresen su gratitud dando vueltas en círculo y diciéndolo en voz alta.

Como parte de la siguiente fase del ejercicio, explique a los niños que Emoto y sus amigos han conseguido, en más de una ocasión, limpiar lagos muy contaminados colocándose alrededor de dicho lago y mandándole al agua los beneficios del amor y la gratitud. Luego puede utilizar el recipiente con agua. Dígales que representa uno de los lagos que se limpió del modo anterior. Pida a los niños que cierren los ojos y se imaginen que están junto a Emoto y sus amigos, al lado de un lago contaminado. ¿De qué forma intervienen en sus pensamientos y sentimientos para limpiar el lago?

Afirmación

Cada vez que utilizo el agua, la bendigo y le ofrezco mi amor sincero y mi gratitud.

62. Manténgase conectado a la fuente original

Materiales

Una lamparita de mesa, preferiblemente sin pantalla; bombillas de 25, 60 y 100 vatios y un alargo si fuera necesario. Si no dispone de ninguna lámpara, dibújela o pida a los niños que utilicen la imaginación.

Ejercicio

Señale la toma de corriente a la que está enchufada la lámpara. «Llamaremos al enchufe la Fuente original, y la lámpara seremos nosotros. El cable será nuestra conexión con la Fuente original, nuestro conducto hacia la energía positiva y pura que mana de la Fuente original. La bombilla representará nuestro grado de conexión con la Fuente original, es decir, la cantidad de energía positiva que fluye a través nuestro, así como el nivel de nuestra vibración, la cantidad de luz y amor que emana de nosotros». Coloque la bombilla de 25 vatios y encienda la luz. «La energía positiva y pura desemboca continuamente en nosotros desde la Fuente original, pero gracias a nuestra libre voluntad podemos desconectamos de la misma. (Apague la luz.) ¿Cómo interrumpimos la conexión o bloqueamos nuestro fluido energético? Una de las formas más corrientes de obstruir el paso de la energía hacia nuestro cuerpo consiste en emitir juicios. (Tenga cuidado con no juzgar sus respuestas.) Todas las emociones negativas, que provienen del miedo, interrumpen el flujo de energía positiva y pura».

Señale la lámpara, que sigue apagada. «La mayoría de las personas son como esta bombilla: existen, pero no aportan luz al mundo. Continúan conectadas a la Fuente original, porque si no lo estuvieran sus cuerpos no estarían vivos. Simplemente han *bloqueado* el conducto que conecta con la Fuente original».

Pregunte a los niños cómo puede conseguir esas personas que la energía vuelva a fluir. Indíqueles que el amor puro, el amor incondicional por uno mismo y por todos los demás, es la mayor fuerza del universo. Este amor puede superar cualquier obstáculo. «Para muchas personas el amor incondicional puede ser un paso demasiado grande, así que ¿qué otros pasos más pequeños pueden dar? Uno de los más fáciles es el reconocimiento o la gratitud. Si la gente fuera capaz de agradecer todo lo que tiene, las personas que tienen cerca y todas las cosas hermosas que ve, su luz empezaría a brillar. (Encienda la luz.) Pero todos nosotros hay días en los que criticamos, somos egoístas y nos enfadamos. Y, ¿sabéis qué? Nuestra luz deja de brillar. (Apague la luz.»

Mientras sustituye la bombilla por otra de 60 vatios, explíqueles que algunas personas dedican diariamente cierto tiempo a rezar o a prestar atención a los consejos del Maestro Interior. Dichas personas han aumentado su capacidad de iluminar y amar, y por lo tanto su luz resplandece de forma realmente espectacular. Encienda la luz.

Pregúnteles cómo pueden abrir su corazón y demostrar más amor (por ejemplo, viendo el lado bueno de los demás y de todo aquello que sucede, confiando en el Universo, queriéndose más a sí mismos, perdonando, no juzgando a los demás). Si nadie lo menciona, saque a colación que ayudar a los demás es uno de los métodos más efectivos para permanecer conectado a la energía de amor puro que mana de la Fuente original.

Apague la luz y explíqueles: «He aquí el interruptor de la *selección*. Diariamente podemos decidir la cantidad de amor y energía del Creador a la que queremos abrimos y que estamos dispuestos a dejar entrar (sustituya la bombilla de 60 vatios por la de 100 vatios). Podemos optar por bloquearla por medio de la negatividad o por ser una luz realmente poderosa en este planeta (encienda la bombilla de 100 vatios). Observad que esta luz es mucho más viva. Me recuerda a algunas personas de la tierra que están tan entregadas a la Fuente original y a servir al planeta y a la gente que hay en él que su luz es realmente espléndida. Ello se debe a que su conexión se conserva enérgica y pura. Muchas se sientan en silencio, meditan o rezan un rato cada día, y ello las mantiene sintonizadas con la Fuente original y con su Yo interior». Nombre algunas personas que pertenezcan a esta categoría y que los niños conozcan.

Regrese al enchufe de la toma de corriente. Recuérdeles que ellos están siempre conectados a la Fuente original, pero que pueden seleccionar (el interruptor) qué cantidad de energía positiva y pura están dispuestos a dejar entrar.

Opcional: «Algunas personas poseen mucha luz, pero la mantienen oculta. (Ponga una pantalla o un periódico sobre la bombilla.) Es importante que dejemos brillar nuestra luz y que no la escondamos. En la actualidad, el mundo necesita una gran cantidad de luz».

Afirmación

> *Yo permito que la energía del Espíritu fluya a través mío, y bendigo a los demás cada día.*

Un ejercicio pensado expresamente para usted

Cada día, el Universo nos obsequia con una dosis de energía pura. Debemos recompensar al Universo haciendo un uso inteligente de dicha energía. Nuestra forma de utilizar esa energía depende de nuestra conciencia. Las ideas que presentamos en este libro pueden ayudarle a cambiar lo suficiente su conciencia como para que su energía se llene de amor incondicional y sabiduría divina.

Cada mañana, visualícese realizando un garabato para representar su dosis diaria de energía sin adulterar. (Puede hacerlo físicamente a modo de afirmación.) Véase a sí mismo coloreando los espacios con distintos pensamientos y sentimientos. Dichos colores representan su conciencia. Espero que sus colores simbolicen el amor, la alegría, el orden, la abundancia y la armonía que todos nos esforzamos por conseguir.

Epílogo

Si ha llegado hasta aquí, habrá asimilado muchos principios universales, principios que funcionan, al igual que el de la gravedad, independientemente de si creemos en ellos o no.

Creo que muchos niños pequeños intuyen dichas verdades, pero necesitan el apoyo de los padres para poder recordarlas del todo. Puede crear un grupo de apoyo familiar que gire entorno a dichas ideas. Organice una reunión familiar una vez a la semana y seleccione uno de los ejercicios como tema del día. Pueden escogerlo conjuntamente o dejar que cada semana lo escoja uno de los miembros del grupo; o abrir el libro por una página al azar.

Durante la semana siguiente, reflexionen sobre ese principio o ejercicio. Busque ejemplos en su vida o en la vida de los demás. Decidan conjuntamente qué otras cosas podrían hacer con dicho ejercicio. En la reunión siguiente, pongan en común las posibles dudas, preguntas y ejemplos.

Si lo desea puede incluso formar un grupo de apoyo diario de cinco minutos que gire entorno a uno de los ejercicios a primera hora del día o durante la cena. Deben apoyarse los unos a los otros recordando el principio y luego decir la afirmación todos juntos. Pueden apoyarse diciendo algo como esto: "(Nombre), te queremos de forma incondicional y te apoyamos recordándote (que tus palabras tienen poder)." Díganlo al unísono mirándole con cariño. Luego adapte la afirmación para ese caso en concreto y repítanla juntos también al unísono.

Cuánto más a menudo recuerde a sus hijos que en este mundo existen leyes mentales y espirituales en movimiento y que a través de ellas ellos crean sus experiencias, menos víctimas de las circunstancias se sentirán. Tendrán un mayor control sobre su vida, una sensación de unidad con los demás, una felicidad interior. No sucumbirán tan fácilmente ante la ansiedad y el miedo, las dos grandes cosas que nos impiden aprender y disfrutar. El *Miedo* suele ser una *Prueba Falsa* que *Parece Real*. Cuanto mejor comprendan nuestros hijos las verdades supremas, menos les afectarán las pruebas falsas que se han infiltrado en la conciencia colectiva y parecen completamente reales. Y más capaces serán de acceder a la felicidad, es decir a la energía del amor, ese derecho que nos corresponde por nacimiento.

Debemos recordar a nuestros hijos continuamente que no son simplemente las formas que vemos, el cuerpo, sino seres espirituales multidimensionales que están aquí para disfrutar de una experiencia física. Tenemos la obligación de hacerles mirar hacia dentro, hacia su Maestro Interior, para que tengan claro cuál es su propósito aquí y lo que desea su corazón. Y luego debemos ofrecerles las herramientas –los principios universales– para que puedan llevar a cabo los deseos de su corazón. Cuando la cabeza y el corazón estén alineados, conocerán la felicidad.

Unas últimas palabras

En una ocasión alguien preguntó a Albert Einstein: «¿Cuál es la pregunta más importante que se puede hacer al ser humano?». Y él contestó: «¿Es el universo un lugar amistoso o no?».

El objetivo es que los ejercicios anteriores ayuden a los niños a comprender que existe un universo ordenado y benévolo. A medida que discuten y realizan estos ejercicios, los niños empezarán a ver este mundo como un lugar amistoso porque responde a las ideas que tienen en mente.

El estado del mundo es un estado colectivo de la mente. En cuanto nuestros hijos comprendan el poder creativo de sus pensamientos, así como los otros principios universales, podrán desempeñar un papel en la curación de nuestro mundo. Y, por favor, recuerde, el ejemplo que les damos es más importante que cualquiera de los ejercicios. Debemos encarnar la conciencia que queremos para ellos.

202

Índice de materiales

Otros títulos recomendados

¿Cómo piensan los bebés?

Serge Ciccoti

100 experimentos psicológicos para comprender mejor a nuestro bebé

Sabemos muchas cosas del bebé por intuición, pero ¿hasta qué punto acertamos? ¿Qué sabemos de lo que percibe y de lo que siente? Este libro presenta 100 pruebas llevadas a cabo en laboratorio o en casa, descritas con humor y claridad, que nos permitirán descubrir y comprender las capacidades de los niños pequeños. Un libro que nos ayudará a comunicarnos mejor con el bebé.

Consiga que los niños le obedezcan

100 trucos infalibles

Isabelle Lecrerc

Consejos prácticos y no violentos para corregir problemas de comportamiento en los niños

Educar es algo que se aprende, al igual que todo lo demás. Este libro propone más de 100 consejos infalibles, prácticos y no violentos, para corregir los problemas de comportamiento más comunes entre los niños y para orientarlos en el día a día de forma equilibrada. ¿Cómo saber cuál es la mejor forma de actuar cuando se trata de la educación de nuestros hijos? ¿Cómo proporcionarles las mejores herramientas para que tengan un buen comienzo en la vida y enseñarles a resolver los principales problemas de la existencia? Los consejos de este libro ayudarán a los padres y a las personas implicadas a educar a los niños con amor y firmeza, sin herir su amor propio, ni reprimir su curiosidad natural.